U0366856

外来务工家庭随迁子女教育研究：

基于住房分异的视角

陶 丽 著

上海交通大学出版社
SHANGHAI JIAO TONG UNIVERSITY PRESS

内容提要

本书基于住房分异视角,探讨了外来务工家庭随迁子女教育问题,包括外来务工人员特点与流动趋势、随迁子女特点与教育现状、外来务工家庭住房及其对随迁子女教育的影响,以及政策分析与展望。首先,介绍了我国城镇化与外来务工人员特点、不同级别城市落户政策以及家庭化流动趋势。其次,探讨了外来务工家庭随迁子女特点、教育状况、学业表现与学校融入。再次,介绍了外来务工家庭住房分异及子女教育策略,探讨了家庭禀赋及住房分异对随迁子女教育的影响。最后,讨论了外来务工家庭的社会融入问题,给出了关于随迁子女教育政策及住房政策的相关建议。

本书适合管理学、社会学及教育学相关专业的本科生、研究生,以及从事相关研究的学者阅读和参考。

图书在版编目(CIP)数据

外来务工家庭随迁子女教育研究:基于住房分异的
视角/陶丽著. —上海:上海交通大学出版社,2024.12.
ISBN 978 - 7 - 313 - 31997 - 5

Ⅰ. G52

中国国家版本馆 CIP 数据核字第 202405PP19 号

外来务工家庭随迁子女教育研究:基于住房分异的视角
WAILAI WUGONG JIATING SUIQIAN ZINÜ JIAOYU YANJIU: JIYU ZHUFANG FENYI DE SHIJIAO

著　　者:陶　丽			
出版发行:上海交通大学出版社		地　　址:上海市番禺路 951 号
邮政编码:200030		电　　话:021 - 64071208
印　　制:苏州市古得堡数码印刷有限公司		经　　销:全国新华书店
开　　本:710mm×1000mm　1/16		印　　张:13.75
字　　数:210 千字		
版　　次:2024 年 12 月第 1 版		印　　次:2024 年 12 月第 1 次印刷
书　　号:ISBN 978 - 7 - 313 - 31997 - 5		
定　　价:68.00 元		

前　言

近年来，我国外来务工人员的迁移模式从个体迁移逐渐转变为举家迁移。外来务工人员随迁子女教育问题正得到越来越广泛的关注。据国家统计局、联合国儿童基金会、联合国人口基金于 2023 年发布的《2020 年中国儿童人口状况：事实与数据》，2020 年我国流动人口的子女规模为 1.3 亿人。其中，流动儿童规模为 7 109 万人，约占全国儿童总数的 1/4。针对大量随迁子女，我国各地区采用"两为主、两纳入，以居住证为主要依据"的随迁子女入学政策，具体分为积分入学制和材料准入制两类，基本要求包括积分、居住年限要求、缴纳社保年限等。

教育和住房均属于基本公共服务范畴，也是外来务工人员家庭化迁移面临的基本问题。就近入学政策使住房选择与教育资源的可获得性密切关联。该关联不仅存在于我国，在其他国家也广泛存在，典型表现就是学区房。由于教育资源在各区域的相对不均衡分布，家庭对优质教育资源的追逐很大程度上体现为学区房偏好，如买房择校。外来务工家庭，特别是新生代外来务工人员家庭对子女教育的需求已不仅限于"有学上"，更体现在"上好学"。就大部分城市而言，拥有对口学区住房产权的家庭优先享有公办学校入学资格。以上海义务教育阶段为例，相比其他非沪籍家庭，拥有学区房产权的非沪籍家庭具有公办学校的优先入学权。住房（产权、区位）与教育获得密切相关。

随着社会经济的发展以及新生代观念、生活方式的改变，外来务工群体内部出现了越来越明显的住房分异。例如，老一代外来务工人员以农民工为主，大量从事建筑业、制造业工作，以个人流动为主，具有储蓄导向，相应的，他们主要居住于宿舍及城中村等低成本住房。而在新生代外来务工人员中，城镇户口持有者数量越来越多，教育水平也越来越高。他们更多从事服务行业，消费观念发生了很大的变化，家庭化迁移数量也越来越多，更多租住在商品房等正规住房中。此外，城—城流动人口与城—乡流动人口在务工地的住房拥有率也存在差异。

随迁子女教育与住房问题是外来务工家庭及流入地政府面临的重要问题，既关系着外来务工家庭在当地的社会融入、幸福感与获得感，也关系着当地经济、社会的可持续发展。然而，现有关于外来务工人员子女教育的研究往往与住房相对独立，缺乏对两者耦合关系的综合探讨。在外来务工群体内部越来越多地出现住房分异的背景下，本书从全国与区域层面，基于住房分异视角，探讨外来务工家庭随迁子女教育问题具有十分重要的理论和现实意义。

本书由四部分组成，分别探讨了我国外来务工人员特点与流动趋势、外来务工家庭随迁子女特点与教育现状、外来务工家庭住房及其对随迁子女教育的影响，以及政策分析与展望。第一部分介绍了我国城镇化与外来务工人员特点、不同级别城市落户政策以及外来务工人员家庭化流动趋势。第二部分探讨了外来务工家庭随迁子女特点、随迁子女教育概况、随迁子女学业表现与学校融入情况。第三部分首先介绍了外来务工家庭住房分异特点及子女教育策略，接着探讨了家庭禀赋及住房分异对外来务工家庭随迁子女教育的影响。第四部分首先讨论了随迁子女教育及住房对外来务工家庭社会融入的影响，接着由当前不同级别城市入学政策、非户籍学生升学路径开始讨论，继而引出关于随迁子女教育政策及外来务工家庭住房政策相关建议。

本书展示了笔者近年来关于外来务工人员家庭化迁移、住房分异与随迁子女教育关系的思考和研究发现。特别感谢蔡易姗、庞丽丽、谢星颖、吴采薇在书稿材料整理过程中提供的帮助。

感谢教育部人文社会科学基金（18YJC630160）和国家自然科学基金（71804105）对本研究的资助，感谢上海大学"数字预算转型与城市社会治理"重点创新团队对本研究的支持。

Contents

目　　录

第一部分　外来务工人员特点与流动趋势

第二部分　外来务工家庭随迁子女特点与教育现状

第三部分　外来务工家庭住房及其对随迁子女教育的影响

第四部分　政策分析与展望

第一部分

外来务工人员特点
与流动趋势

第一章

我国城镇化发展与外来务工人员特点

　　我国经历了世界历史上规模最大、速度最快的城镇化进程,大量农村人口向城市、小城镇转移。在生育率持续降低的背景下,劳动年龄人口的流入可在很大程度上缓解部分地区的人口老龄化问题。随着各地区经济社会的发展以及新生代外来务工人员逐渐占据主体地位,外来务工人员群体呈现出新的特点,该群体内部也呈现出一定的异质性。本章主要介绍我国城镇化与地区发展特点、流动人口与外来务工人员相关概念以及我国外来务工人员特点。

一、我国城镇化与地区发展特点

　　自 1978 年改革开放以来,我国经济社会快速发展,GDP 年均增长率高达 9%(见图 1-1),远超同期世界经济增长水平。我国经历了世界历史上规模最大、速度最快的城镇化进程。一方面体现在大量第一产业人口向第二、第三产业转换。第一产业从业人员比重逐年降低,由 1978 年的 70.5%下降到 2022 年的 24.1%;而第三产业从业人员比重越来越高,由 1978 年的 12.2%上升到 2022 年的 47.1%,远超第一产业(24.1%)和第二产业(28.8%)(见图 1-2)。

　　另一方面,我国的快速城镇化进程体现在改革开放以来大量农村人口向城市、小城镇转移。我国居住在城镇地区的人口占比已由 1978 年的 17.92%上升到 2023 年的 66.16%(见图 1-3),近七成人口居住在城镇地

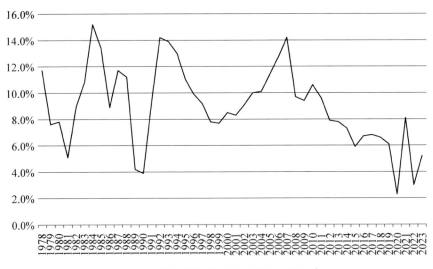

图 1-1 我国 GDP 增长率(1978—2023 年)

资料来源:根据国家统计局 1978—2023 年《国民经济和社会发展统计公报》数据绘制。

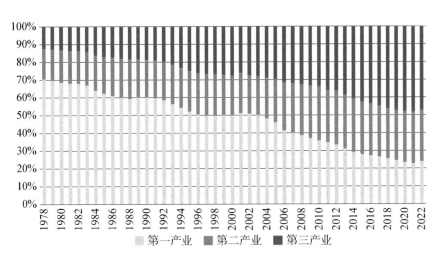

图 1-2 我国各产业就业人口比重(1978—2022 年)

资料来源:国家统计局人口和就业统计司.中国人口和就业统计年鉴 2023[M].北京:中国统计出版社,2023.

区。大量农村人口向城镇地区转移不仅体现在大量农村人口在不同空间尺度的流动,也涉及大量农村人口生产、生活方式的转变,包括在城镇地区就业、居住、教育、医疗、社会融入等方面。

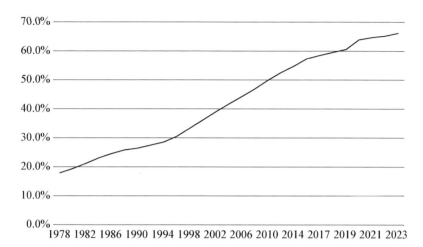

图 1-3　我国城镇化率(1978—2023 年)

资料来源:根据国家统计局 1978—2023 年《国民经济和社会发展统计公报》数据绘制。

　　虽然我国整体城镇化水平得到了快速提升,但各地区的城镇化发展呈现出不同的特点,东部沿海地区的城镇化发展水平总体显著高于中西部内陆地区。2022 年,上海、北京和天津的城镇化水平最高,分别达到 89%、88% 和 85%(见图 1-4);西藏、贵州和云南的城镇化水平最低,分别为 37%、

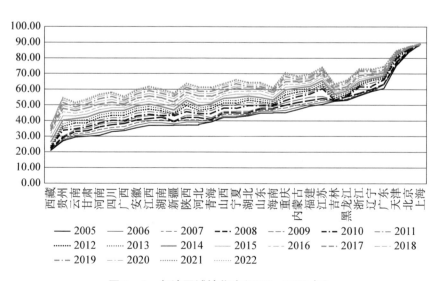

图 1-4　各地区城镇化率(2005—2022 年)

资料来源:国家统计局人口和就业统计司.中国人口和就业统计年鉴 2023[M].北京:中国统计出版社,2023.

52%和54%。

同其他国家类似，我国人口老龄化程度日益加深。如何增加劳动年龄人口已成为中央、地方政府乃至社会各界关注的议题。据联合国标准，当一个国家或地区的60岁及以上人口比重超过20%，或65岁及以上人口比重超过14%时，该国家或地区则被认为进入中度老龄化社会，即老龄社会；若65岁以上人口比重超过20%，则被认为进入超老龄社会。从年龄结构来看，2022年，我国60岁及以上人口占全国人口总数的19.8%，其中65岁及以上人口占比为14.9%，我国已进入老龄化社会。从区域来看，我国辽宁省65岁及以上人口比重已达到20%（见图1-5），上海这一比重则为19%，其他省市65岁及以上人口比重也接近20%，例如，黑龙江、吉林、江苏等。东北地区老龄化社会的发展与大量劳动年龄人口的流出密切相关，而东部地区老龄化社会的发展则很大程度由低生育率导致。

俗话说，安居才能乐业，居住权是人类的一项基本权利。《世界人权宣言》规定"人人有权享受为维持他本人和家属的健康和福利所需的生活水准，包括食物、衣着、住房、医疗和必要的社会服务"。居民消费支出构成可较大程度反映各个地区居民的生活状况与生活水平。其中，住房支出占居民消费总支出的比重可较大程度反映该地区的房价水平以及居民的住房负担水平。如图1-6所示，发达地区居民住房支出比重远高于其他地区。例如，2022年，北京和上海居民的住房支出占总支出的比重均超过35%，北京居民住房支出占总支出的比重甚至达到40%；福建、江苏、浙江、广东居民住房支出占总支出的比重超过25%。

二、流动人口与外来务工人员

据国家统计局数据，截至2023年，我国人口总量已连续两年负增长。在生育率水平持续降低的背景下，劳动年龄人口的流入可在很大程度上缓解部分地区人口老龄化问题。我国东部沿海地区因较高的经济社会发展水平吸引了大量的人口流入。流动人口通常指人户分离人口中扣除市辖区内人户分离的人口。20世纪80年代以来，地区的不平衡发展和流动人

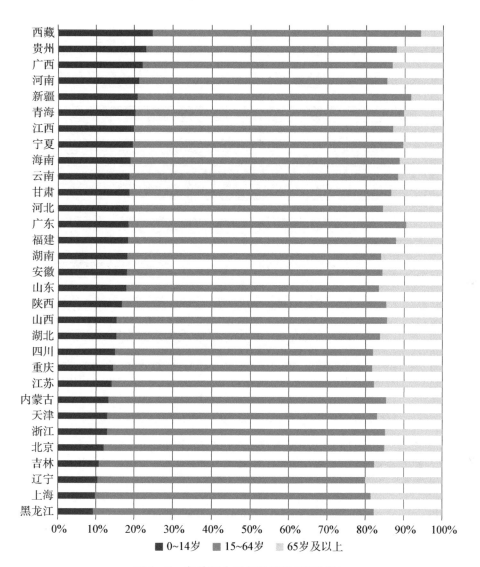

图 1-5　各地区人口年龄结构(2022 年)

资料来源:国家统计局人口和就业统计司.中国人口和就业统计年鉴 2023[M].北京:中国统计出版社,2023.

口的放松管制加速了我国流动人口从欠发达地区涌入发达地区。其中,以务工为目的的流动人口通常被称为外来务工人员。据历年人口普查数据,我国流动人口总量大幅增加,1982 年我国约有 675 万流动人口,2010 年增加至 2.21 亿人,2020 年增至约 3.8 亿人。虽然我国流动人口总量大幅增

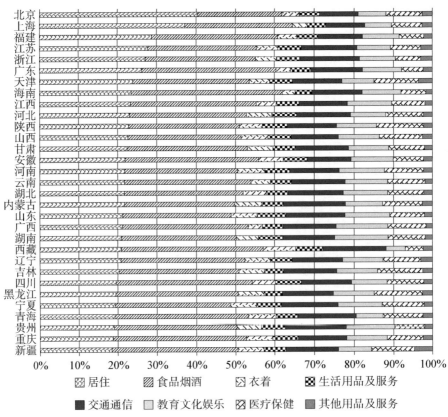

图 1-6 分地区居民人均消费支出构成(2022 年)

资料来源：国家统计局人口和就业统计司. 中国人口和就业统计年鉴 2023[M].北京：中国统计出版社，2023.

加，但流动人口增速自 2010 年以来却趋于放缓(见图 1-7)。

外来务工人员是指离开户籍地去外地务工的人员，他们一般离开家乡超过半年，且流动范围在县/市级以上。据 2018 年中国流动人口动态监测调查(China Migrants Dynamic Survey，CMDS)数据，近九成的人口流动以务工为目的(见图 1-8)，是流动人口最重要的组成部分。近六成的外来务工人员出生于 1980 年以后，为新生代外来务工人员。

根据在当地的户口状况，有些外来务工人员通过在当地落户成为新市民。外来务工人员享受当地社会福利的机会有限，而新市民成为当地人口的一部分，可享受与当地人相同的福利。大多数外来务工人员来自农村地

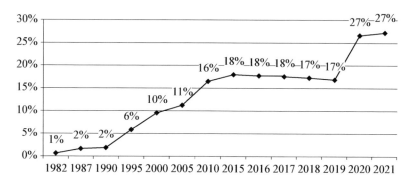

图 1-7　我国流动人口比重(1982—2021 年)

资料来源:国家统计局人口和就业统计司.中国人口和就业统计年鉴 2023[M].北京:中国统计出版社,2023.

国家发改委.2021 年人口相关数据[EB/OL].(2022-01-29)[2024-06-13].https://www.ndrc.gov.cn/fgsj/tjsj/jjsjgl1/202201/t20220129_1314014.html.

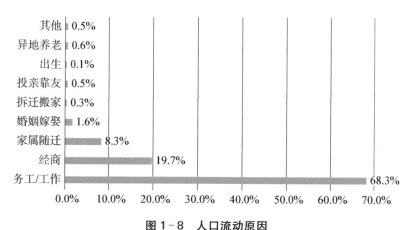

图 1-8　人口流动原因

资料来源:数据整合自 CMDS 2018。

区。据中国综合社会调查(Chinese General Social Survey,CGSS)的数据[①],2020 年大多数外来务工人员来自农村(65.1%),其次是城市地区(18.7%)、县城(7.2%)和乡镇(6.9%)(见图 1-9)。

---

① 中国综合社会调查由中国人民大学中国调查与数据中心负责执行和管理,始于 2003 年,是我国最早的全国性、综合性、连续性学术调查项目,系统、全面地收集社会、社区、家庭、个人多个层次的数据。目前,中国综合社会调查已成为研究中国社会最主要的数据来源,广泛地应用于科研、教学及政府决策。

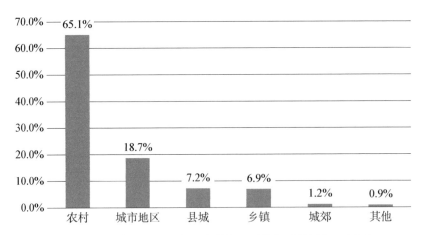

图 1-9　外来务工人员出生地所在区域及行政级别(2020 年)

资料来源：CGSS 2021。

三、外来务工人员特点

早期的外来务工人员呈现出年龄小、受教育程度相对较低、流动性大、工资低等特点[1]。许多学者指出，就业机会是外来务工人员流动的最重要驱动力。他们的永久居留意愿较低，可能在抵达务工地后继续流动[2]。他们在务工地的主要目的是挣钱，而不是永久居住[3]。他们始终与家乡（家人和同乡）保持密切联系。随着各地区经济社会的发展以及新生代外来务工人员逐渐占据主体地位，外来务工人员群体呈现出新的特点，该群体内部也呈现出一定的异质性。

（一）外来务工人员的年龄结构

近年来，我国外来务工人员的平均年龄有所上升。据 CGSS 数据，2010 年外来务工人员的平均年龄为 40 岁，2020 年上升到 44 岁。2010 年和 2020 年我国外来务工人员的年龄结构如图 1-10 所示。无论是 2010 年还是 2020 年，40 岁以上外来务工人员的比重最高，2010 年为 45.2％，2020 年上升到 50.1％，达到外来务工人员总量的一半。值得注意的是，2010 年 30 岁及以下的外来务工人员比重次高，为 31.6％。然而,2020年,31～40岁的外来务工人员比重超过了30岁及以下的外来务工人员比重,达到25.9%。占比最低的组别在2010是"31～40岁",在2020年是"≤30岁"。

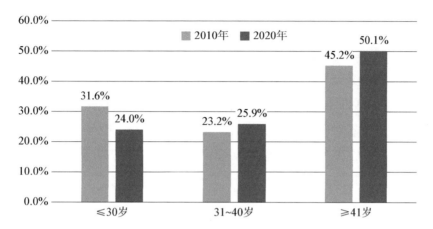

图1-10　2010年与2020年我国外来务工人员年龄结构

资料来源:根据CGSS 2011及CGSS 2021数据绘制。

分地区来看(见图1-11),2010年,广东(36岁)、上海(39岁)、浙江(33岁)、福建(33岁)、河南(38岁)、湖南(36岁)、辽宁(38岁)、山东(34岁)、重庆(37岁)、吉林(38岁)以及青海(36岁)的外来务工人员平均年龄低于全

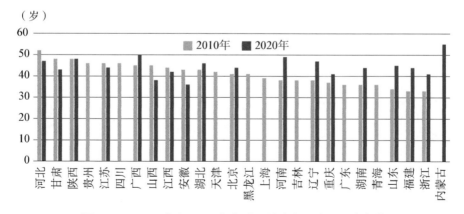

图1-11　2010年与2020年各地区外来务工人员平均年龄

资料来源:根据CGSS 2011及CGSS 2021数据绘制。部分地区无样本。

国水平(40 岁)；其他地区，如河北(52 岁)、甘肃(48 岁)和陕西(48 岁)外来务工人员平均年龄均高于全国水平(40 岁)。2020 年，安徽(36 岁)、山西(38 岁)、浙江(41 岁)、重庆(41 岁)、江西(42 岁)以及甘肃(43 岁)外来务工人员平均年龄低于全国水平(44 岁)。整体而言，我国外来务工人员的平均年龄有增长趋势，尤其是广西、河南、辽宁以及山东等地。

(二) 外来务工人员的性别构成

据 CGSS 数据，2010 年全国外来务工人员中男性占比较大(51.9%)，尤其是甘肃省(男性占 83.3%)、江西省(男性占 81.3%)和陕西省(男性占 100.0%)。而 2020 年全国外来务工人员中女性占比较大(53.3%)，尤其是安徽省(女性占 75.0%)、福建省(女性占 71.4%)和广西壮族自治区(女性占 69.2%)。其他地区的外来务工人员性别占比详见表 1-1。

表 1-1　各地区外来务工人员性别构成(2010 年与 2020 年)　%

省/自治区/直辖市	2010 年(N=414)		2020 年(N—753)	
	男性	女性	男性	女性
安徽省	33.3	66.7	25.0	75.0
北京市	48.5	51.5	45.6	54.4
福建省	50.0	50.0	28.6	71.4
甘肃省	83.3	16.7	42.1	57.9
广东省	48.0	52.0	—	—
广西壮族自治区	20.0	80.0	30.8	69.2
贵州省	64.3	35.7	—	—
河北省	46.2	53.8	41.2	58.8
河南省	66.7	33.3	72.7	27.3
黑龙江省	37.5	62.5	—	—
湖北省	50.0	50.0	41.9	58.1
湖南省	0.0	100.0	52.2	47.8
吉林省	44.4	55.6	—	—
江苏省	66.7	33.3	47.1	52.9
江西省	81.3	18.8	85.7	14.3
辽宁省	51.4	48.6	64.4	35.6
内蒙古自治区	—	—	100.0	0.0

（续表）

省/自治区/直辖市	2010 年(N=414)		2020 年(N=753)	
	男性	女性	男性	女性
宁夏回族自治区	—	—	44.4	55.6
青海省	50.0	50.0	—	—
山东省	52.2	47.8	47.5	52.5
山西省	57.1	42.9	38.1	61.9
陕西省	100.0	0.0	46.2	53.8
上海市	66.7	33.3	—	—
四川省	54.5	45.5	—	—
天津市	40.0	60.0	—	—
浙江省	62.5	37.5	46.5	53.5
重庆市	33.3	66.7	41.2	58.8
总样本	51.9	48.1	46.7	53.3

资料来源:数据整合自 CGSS 2011 及 CGSS 2021。"—"指该地区无样本。

（三）外来务工人员的教育水平

2010—2020 年,我国外来务工人员的教育水平整体获得较大提升(见图 1-12)。其中,受过大专及以上教育的外来务工人员比重由 2010 年的 27.8% 上升到 38.0%。小学及以下、初中/高中、中专及技校学历的外来务

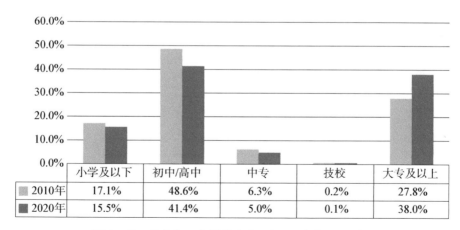

	小学及以下	初中/高中	中专	技校	大专及以上
2010年	17.1%	48.6%	6.3%	0.2%	27.8%
2020年	15.5%	41.4%	5.0%	0.1%	38.0%

图 1-12　外来务工人员教育水平(2010 年与 2020 年)

资料来源:根据 CGSS 2011 及 CGSS 2021 数据绘制。

工人员比重均有所下降。2020年,受过大专及以上教育的外来务工人员比重(38.0%)与初高中学历人员比重(41.4%)已基本持平。值得注意的是,虽然近年来国家大力提倡发展高质量职业教育,但接受中专、技校职业教育的外来务工人员比重相对较低,并且有下降趋势(2020年为5.0%、0.1%),远低于小学及以下学历人员比重(2020年为15.5%)。

从地区层面看,2010—2020年,各省市外来务工人员的教育水平也有了较大的提升(见表1-2)。其中,一线城市外来务工人员的受教育程度普遍较高。基于CGSS数据,2020年,北京市有55.9%的外来务工人员获得大专及以上学历,这一比重在2010年为42.6%。2010年,在上海市抽样的外来务工人员中,有66.7%的人获得大专及以上学历。

表1-2 各地区外来务工人员教育程度(2010年与2020年)　　　　　%

省/自治区/直辖市	2010年(N=414)					2020年(N=753)				
	小学及以下	初中或高中	中专	技校	大专及以上	小学及以下	初中或高中	中专	技校	大专及以上
安徽省	33.3	50.0	0.0	0.0	16.7	0.0	66.7	0.0	0.0	33.3
北京市	7.9	40.6	8.9	0.0	42.6	5.0	35.1	4.0	0.0	55.9
福建省	50.0	50.0	0.0	0.0	0.0	28.6	35.7	7.1	0.0	28.6
甘肃省	33.3	33.3	0.0	0.0	33.3	21.1	39.5	7.9	0.0	31.6
广东省	12.0	40.0	16.0	0.0	32.0	—				
广西壮族自治区	40.0	40.0	0.0	0.0	20.0	30.8	46.2	0.0	0.0	23.1
贵州省	42.9	35.7	0.0	0.0	21.4	—				
河北省	53.8	23.1	15.4	0.0	7.7	0.0	58.8	17.6	0.0	23.5
河南省	11.1	44.4	11.1	0.0	33.3	14.3	42.9	4.8	0.0	38.1
黑龙江省	37.5	62.5	0.0	0.0	0.0	—				
湖北省	16.7	61.1	11.1	0.0	11.1	18.6	51.2	7.0	2.3	20.9
湖南省	0.0	100.0	0.0	0.0	0.0	21.7	47.8	13.0	0.0	17.4
吉林省	19.4	63.9	0.0	0.0	16.7	—				
江苏省	11.1	22.2	0.0	0.0	66.7	26.0	32.0	4.0	0.0	38.0
江西省	18.8	50.0	6.3	0.0	25.0	28.6	14.3	0.0	0.0	57.1
辽宁省	11.4	62.9	5.7	0.0	20.0	17.8	40.0	2.2	0.0	40.0

（续表）

省/自治区/直辖市	2010 年(N=414)					2020 年(N=753)				
	小学及以下	初中或高中	中专	技校	大专及以上	小学及以下	初中或高中	中专	技校	大专及以上
内蒙古自治区	—	—	—	—	—	0.0	100.0	0.0	0.0	0.0
宁夏回族自治区	—	—	—	—	—	37.5	25.0	0.0	0.0	37.5
青海省	15.0	55.0	0.0	0.0	30.0	—	—	—	—	—
山东省	8.7	69.6	8.7	0.0	13.0	15.5	46.6	6.9	0.0	31.0
山西省	28.6	57.1	0.0	0.0	14.3	4.8	28.6	4.8	0.0	61.9
陕西省	66.7	33.3	0.0	0.0	0.0	53.8	30.8	0.0	0.0	15.4
上海市	6.7	20.0	0.0	6.7	66.7	—	—	—	—	—
四川省	9.1	63.6	0.0	0.0	27.3	—	—	—	—	—
天津市	15.0	50.0	15.0	0.0	20.0	—	—	—	—	—
浙江省	12.5	75.0	0.0	0.0	12.5	17.3	51.2	4.7	0.0	26.8
重庆市	100.0	0.0	0.0	0.0	0.0	26.5	35.3	2.9	0.0	35.3

资料来源：数据整合自 CGSS 2011 及 CGSS 2021。"—"指该地区无样本。

（四）外来务工人员的工作特征

据 CGSS 数据，2010 年与 2020 年，超过六成的外来务工人员从事非农工作，占比分别为 71.6％和 61.5％（见图 1-13）。值得注意的是，2020 年在当地没有工作的外来务工人员占比有所上升，由 2010 年的 24.6％上升至 2020 年的 36.5％，其中，绝大部分人员之前有过非农工作。

在有工作的外来务工人员中，2010 年，约一半的人在中小型企业（企业员工数为 50 人及以下）工作，2020 年该比例下降为 35.10％（见图 1-14）。受雇于大型企业的外来务工人员占比有所上升。此外，外来务工人员在同一单位的平均工作年限较长，2020 年平均为 7 年。值得注意的是，尽管2020 年与用人单位或雇主签订书面劳动合同的外来务工人员比重有所上升，由 2010 年的 30.2％上升到 33.2％，但该比重仍然不高，存在较为显著的非正式雇用特点。关于外来务工人员的非正式雇用特点及其对住房选择的影响，可参考本研究团队的相关研究成果[4]。

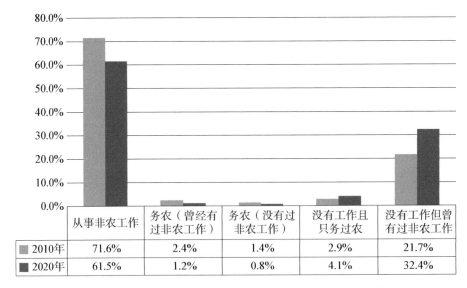

图 1‑13 外来务工人员务工特点与经历(2010 年与 2020 年)

资料来源:根据 CGSS 2011 及 CGSS 2021 数据绘制。

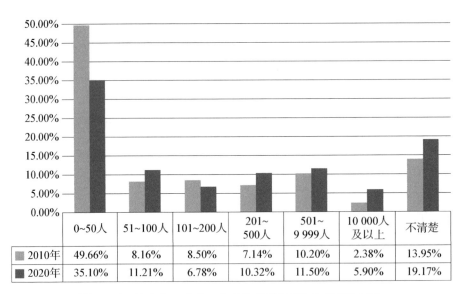

图 1‑14 外来务工人员工作单位规模(2010 年与 2020 年)

资料来源:根据 CGSS 2011 及 CGSS 2021 数据绘制。

非正式雇用特点与外来务工人员的雇用身份有关。2010 年和 2020

年,受雇于他人(有固定雇主)的外来务工人员的比重最高,分别为 63.4%和 68.8%;其次为个体工商户,2010 年和 2020 年占比分别为 18% 和 15.6%(见图 1 - 15)。2020 年,从事零工、散工(无固定雇主)的外来务工人员比重有所降低。

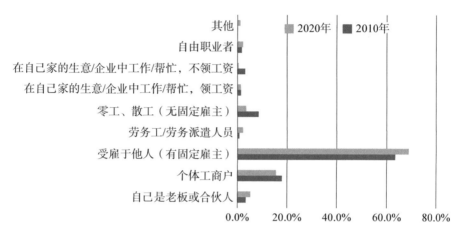

图 1 - 15　外来务工人员雇用类型(2010 年与 2020 年)

资料来源:根据 CGSS 2011 及 CGSS 2021 数据绘制。

(五) 外来务工人员的户口类型

根据 CGSS 数据,2010 年持有农村户口的外来务工人员占比为 52.2%,而这一比例在 2020 年略有上升,上升至 53.8%(见图 1 - 16),可能有更多的持有农村户口的人员进入城市务工。值得注意的是,2010 年和 2020 年均有一定比例的外来务工人员持有的是居民户口,且 2020 年该比例快速上升,由 2010 年的 6.0%上升到 2020 年的 19.8%。居民户口是近年来随着户籍制度改革出现的新概念,目前已有 31 个省份出台了户籍制度改革方案,不再区分农村户口与城镇户口,统一登记为居民户口。

党的二十大报告提出,推进以人为核心的新型城镇化,加快农业转移人口市民化。促进有能力在城镇稳定就业生活的常住人口有序实现市民化,是新型城镇化的首要任务。农业转移人口市民化对提升城镇化质量、释放国内需求的巨大潜力、构建新发展格局具有重要作用。让更多农业转

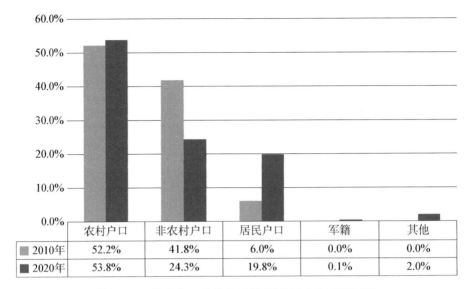

	农村户口	非农村户口	居民户口	军籍	其他
▇2010年	52.2%	41.8%	6.0%	0.0%	0.0%
▇2020年	53.8%	24.3%	19.8%	0.1%	2.0%

图1-16 外来务工人员户口类型(2010年与2020年)

资料来源:根据 CGSS 2011 及 CGSS 2021 数据绘制。

移人口融入城市,有利于稳定城市产业工人队伍,提高其就业稳定性和收入水平,扩大中等收入群体规模,支撑我国经济保持中高速增长。与此同时,农业转移人口市民化也会带动住房、教育、养老、医疗和休闲娱乐等方面的需求,从而拉动城市基础设施和公共服务设施的投资,有望从消费与投资两个方面释放出巨大的内需潜力。

如表1-3所示,与2010年相比,2020年外来务工人员持有农村户口比重有较大幅度下降的省份包括福建省、湖南省、陕西省和重庆市。河北省(由30.8%上升到76.5%)和江苏省(由44.4%上升到60.8%)持有农村户口的外来务工人员占比有较大幅度的升高。

表1-3 各地区外来务工人员户口类型(2010年与2020年) %

省/自治区/直辖市	2010年(N=414)		2020年(N=753)	
	农村户口	其他户口	农村户口	其他户口
安徽省	66.7	33.3	58.3	41.7
北京市	36.6	63.4	36.3	63.7

（续表）

省/自治区/直辖市	2010 年(N=414)		2020 年(N=753)	
	农村户口	其他户口	农村户口	其他户口
福建省	100.0	0.0	71.4	28.6
甘肃省	50.0	50.0	57.9	42.1
广东省	56.0	44.0	——	——
广西壮族自治区	60.0	40.0	46.2	53.8
贵州省	71.4	28.6	——	——
河北省	30.8	69.2	76.5	23.5
河南省	44.4	55.6	36.4	63.6
黑龙江省	87.5	12.5	——	——
湖北省	66.7	33.3	53.5	46.5
湖南省	100.0	0.0	78.3	21.7
吉林省	69.4	30.6	——	——
江苏省	44.4	55.6	60.8	39.2
江西省	25.0	75.0	14.3	85.7
辽宁省	51.4	48.6	26.7	73.3
内蒙古自治区	——	——	0.0	100.0
宁夏回族自治区	——	——	77.8	22.2
青海省	55.0	45.0	——	——
山东省	91.3	8.7	61.0	39.0
山西省	85.7	14.3	47.6	52.4
陕西省	100.0	0.0	69.2	30.8
上海市	26.7	73.3	——	——
四川省	27.3	72.7	——	——
天津市	35.0	65.0	——	——
浙江省	75.0	25.0	76.4	23.6
重庆市	100.0	0.0	61.8	38.2

资料来源：数据整合自 CGSS 2011 及 CGSS 2021。"——"指该地区无样本。

四、本章小结

我国经历了世界历史上规模最大、速度最快的城镇化进程。一方面体现在大量第一产业人口向第二、第三产业转移；另一方面体现在改革开放以来大量农村人口向城市、小城镇转移。大量农村人口向城镇地区转移不仅体现在大量农村人口在不同空间尺度的流动，也涉及大量农村人口生产、生活方式的转变，包括在城镇地区就业、居住、教育、医疗、社会融入等方面。虽然我国整体城镇化水平得到了快速提升，但各地区的城镇化发展呈现出不同的特点，东部沿海地区的城镇化发展水平显著高于中西部内陆地区。同其他国家类似，我国人口老龄化程度日益加深。在生育率水平持续降低的背景下，劳动年龄人口的流入可较大程度缓解部分地区人口老龄化问题。

近年来，我国外来务工人员的平均年龄有所上升，尤其是广西壮族自治区、河南省、辽宁省以及山东省。2010—2020 年，我国外来务工人员的教育水平整体获得较大提升，一线城市外来务工人员受教育程度普遍较高。2010 年，约一半的外来务工人员在中小型企业工作，2020 年该比例下降为 35.1%。受雇于大型企业的外来务工人员占比有所上升。2010 年和 2020 年，均有一定比例的外来务工人员持有的是居民户口，且 2020 年该比例快速上升。

第二章

不同级别城市落户政策

在外来务工人员相关研究中,户籍制度[①]一直是学界讨论的焦点,也是我国进一步推进以人为核心的新型城镇化的重点。户籍与外来务工人员的决策息息相关,包括流动策略、子女教育、住房选择、就业决策、家庭策略等。鉴于此,在展开后续章节的讨论前,有必要对我国不同级别城市的落户政策进行梳理。

一、户籍制度改革

现代户籍制度于 20 世纪 50 年代末设立,包括户口登记地和户口类型两方面内容,将全国人口划分为城市人口和农村人口、本地人口和非本地人口。该制度最初设立的目的是更好地管理人口流动,且与当地的社会福利密切挂钩。80 年代以来,我国人口流动管制逐步放松,大批农村劳动人口进入城市寻找工作,形成农民潮现象。1985 年,《公安部关于城镇暂住人口管理的暂行规定》出台,实施以暂住证为主的流动人口管理办法。居住证于 2002 年在上海首次推出,早期在北京、上海、广东等发达地区推广使用。居住证明确了居住登记与多项免费服务和权益关联。不少大城市制定了居住证转为常住户口的政策,为持证人迁移落户提供了一条可预期的通道。

2011 年,国务院发布了《关于积极稳妥推进户籍管理制度改革的通

---

① 国际文献中通常用 household registration system 或 hukou 表示。

知》，提出在设区的市（不含直辖市、副省级市和其他大城市）有合法稳定职业满三年并有合法稳定住所（含租赁），同时按照国家规定参加社会保险达一定年限的人员，本人及其共同居住生活的配偶、未婚子女、父母可以在当地申请登记常住户口[5]。2014年，国务院发布了《关于进一步推进户籍制度改革的意见》，取消了农村户口与非农村户口性质区分以及由此衍生的蓝印户口等户口类型，统一登记为居民户口，充分体现户籍制度的人口登记管理功能。到2016年，我国31个省份出台了户籍制度改革意见，各城市依条件放宽落户条件，二元户籍制度逐渐退出历史舞台。

2016年，国务院办公厅发布了《推动1亿非户籍人口在城市落户方案的通知》，要求户籍人口城镇化率年均提高1%以上，年均转户1300万人以上。到2020年，全国户籍人口城镇化率提高到45%，各地区户籍人口城镇化率与常住人口城镇化率差距比2013年缩小2个百分点以上。2019年，国家发展改革委印发了《2019年新型城镇化建设重点任务》，提出继续加大户籍制度改革力度，在此前城区常住人口100万以下的中小城市和小城镇已陆续取消落户限制的基础上，城区常住人口100万～300万的Ⅱ型大城市要全面取消落户限制；城区常住人口300万～500万的Ⅰ型大城市要全面放开放宽落户条件。

2019年，中共中央办公厅、国务院发布《关于促进劳动力和人才社会性流动体制机制改革的意见》，要求"全面取消城区常住人口300万以下的城市落户限制"。2020年，国家发展改革委印发《2020年新型城镇化建设和城乡融合发展重点任务》，提出"督促城区常住人口300万以下城市全面取消落户限制"。2022年，国家发展改革委发布《"十四五"新型城镇化实施方案》，除全面取消城区常住人口300万以下的城市落户限制以外，要求全面放宽城区常住人口300万～500万的Ⅰ型大城市落户条件，完善城区常住人口500万以上的超大特大城市积分落户政策。

二、落户政策类别

目前各级城市实施的落户政策包括积分落户、居住证转户籍（简称居转户)、投靠落户、务工经商落户、人才落户等。

（一）居转户政策

居转户政策主要针对持有居住证的非本地人口，通过满足一定的条件，可以将居住证转为常住户口。居转户的条件通常包括：持有一定年限的居住证；在当地连续缴纳社会保险达到一定年限；无刑事犯罪记录；等等。这项政策出台的目的是鼓励非本地人口在当地长期工作和生活，并逐步融入当地社会。

（二）积分落户政策

积分落户政策主要应用于北上广深一线城市、部分特大和重点城市，是一种通过积分制度来决定申请人能否落户的政策。根据教育背景、专业技术职称、技能水平、工作年限、缴纳社保和个税情况、年龄等多方面因素进行积分，达到一定标准后即可申请落户。积分落户政策旨在通过量化指标来公平、公正地评价申请人的落户资格。截至 2024 年 6 月，多个省份的政策文件中明确规定城区常住人口小于 300 万的城市不允许采用积分落户政策。

积分落户与居转户有一定的联系和区别。两者的联系在于积分落户申请人需要满足的条件之一就是持有本市居住证。北京和上海等城市明确规定，申请人必须持有居住证。两者的区别在于：①申请条件不同，居转户侧重于居住和社保缴纳年限，而积分落户则通过综合评分来决定；②政策灵活性不同，积分落户政策相对更加灵活，可以根据城市发展和人口调控需要调整积分标准和落户名额；③适用人群不同，居转户更多适用于已经在当地稳定居住和工作的外来人口，积分落户则更广泛，包括各类人才。

（三）人才落户政策

人才落户政策主要针对具有一定学历、职称或技能的人才。各地为了吸引和留住高学历和高技能人才，通常会放宽落户条件，提供一系列的优惠政策，如简化落户程序、提供住房补贴、科研经费支持等。

一线城市近年来对人才政策进行了不同程度的调整，上海、广州、北京放宽了落户政策。例如，2020 年，只有"世界一流大学"和"世界一流学科"

的应届硕士毕业生才能直接落户上海；2022年，上海发布《关于做好2022年非上海生源应届普通高校毕业生进沪就业工作的通知》，应届普通高校毕业生也能直接落户上海。此外，在五大新城和南北重点转型地区用人单位工作的上海"双一流"建设高校的应届本科生可直接落户。然而，深圳则提高了人才落户的学历门槛，2021年，深圳将学历型人才落户要求从大专提高到本科，以吸引更高层次的人才。尽管近年来各城市的人才引进政策不断放宽，但积分落户因其相对较低的门槛，仍然是许多非户籍人口的首选。

（四）投资创业落户政策

投资创业落户政策鼓励外地人员到当地投资创业，为在当地有一定规模投资或创业的人员提供落户便利。地方政府旨在通过这种方式吸引更多的投资和创新项目，促进当地经济发展。

（五）购房落户政策

一些城市将购房作为落户的条件之一。外地人员在城市购买住房后，可以按照相关政策申请落户，这通常与当地的房地产市场调控政策相结合。例如，2024年，苏州市出台的《关于进一步促进我市房地产市场平稳健康发展若干政策措施的通知》提出，在本市购买或拥有合法产权住房且实际居住的非苏州户籍人员，可以申请办理落户。

（六）投靠落户政策

投靠落户政策允许特定人群通过与本地户籍人口建立某种社会关系（如家庭、婚姻等），从而获得在该地落户的资格。该项政策的目的通常是解决家庭团聚、照顾老人、子女教育等问题，同时也有助于吸引和留住人才。投靠落户的具体条件和规定因城市而异，一般包括以下几种情况：①子女投靠父母，即未成年子女可以投靠在城市有户籍的父母落户；②夫妻投靠，即已婚人士可以投靠配偶落户，通常需要满足一定的婚姻年限要求；③老人投靠子女，即达到一定年龄的老人可以投靠在城市有户籍的子女落户；④其他亲属投靠，即在某些情况下，其他亲属关系也可能符合投靠落户的条件。此外，部分城市还推出了投靠朋友落户。例如，在南昌，如果本地一人有房,外地非亲属朋友想要投靠南昌的本地朋友,只需要本地朋友同意落户的书面说明,外地朋友准备好相应的材料,就可以落户。

各城市因地制宜地出台了非户籍人口落户政策,相关政策还包括新生落户、租赁落户等。这些落户政策旨在促进人口流动,优化资源配置,推动区域经济均衡发展。

三、各级别城市落户条件

(一) 落户条件

城市落户条件通常包括居住、就业、参保等方面。居住方面的要求主要包括居住年限(自居住登记以来连续居住时间)、是否持有效的当地居住证以及是否符合居住证持有年限、拥有或租赁合法稳定住所并符合相应年限。通常合法稳定住所和合法稳定就业为申请落户的基本条件。在实施积分落户的超大城市和特大城市,合法稳定住所和合法稳定就业是申领居住证的首要条件。

合法稳定住所指的是申请人拥有城市房屋所有权证的自有住所,或签订正式租房租赁合同,合法租赁符合登记备案、依法纳税等有关规定的住所,或用人单位提供的具有合法产权的宿舍。通常户口会落在自有住房、租赁住房或单位集体户口上。部分城市如南京,合法稳定住所指通过购买、继承、受赠等途径取得合法所有权的住宅用房,即有产权的住所。此外,住房类型以及按何种比例购买才能被认定为合法住所,各个城市的政策标准有所不同。因此,在小产权房、改建房屋等不具有合法产权房屋居住的外来务工人员很难满足合法稳定住所的条件。

在就业方面,以北京为例,合法稳定就业指的是申请人与在京用人单位签订正式劳动合同,或在京投资办企业,或在京注册登记为个体工商户。一些城市在要求合法稳定就业的同时要求申请人符合参保要求。参保指的是落户申请人在当地连续或累计参加城镇职工社会保险。参保情况能够体现个人在就业地的稳定性和长期居住意愿。连续缴纳社会保险通常被视为在该地区有稳定工作和生活的基础。例如,南京落户政策文件里将合法稳定就业定义为,在本市区域就业、创业,并正在缴纳本市城镇职工社会保险,包括城镇职工基本养老保险、城镇职工基本医疗保险等险种。同样,申请在苏州市区落户,城镇职工基本养老保险和基本医疗保险为必缴险种。

此外,在实施积分落户的超大城市中,对落户申请人的年龄也有要求。随着户籍制度的深化改革,各级城市逐步放开放宽落户限制,如取消居住年限和参保年限要求。

(二) 各级别城市落户条件

2014 年,国务院印发《关于调整城市规模划分标准的通知》,以城区常住人口①为统计口径,将城市划分为以下五类七档。

(1) 小城市:50 万人以下。Ⅰ型小城市:20 万人以上,50 万人以下;Ⅱ型小城市:20 万人以下。

(2) 中等城市:50 万人以上,100 万人以下。

(3) 大城市:100 万人以上,500 万人以下。Ⅰ型大城市:300 万人以上,500 万人以下;Ⅱ型大城市:100 万人以上,300 万人以下。

(4) 特大城市:500 万人以上,1000 万人以下。

(5) 超大城市:1000 万人以上。

据第七次人口普查数据,我国共有包括北上广深 4 个一线城市,重庆、天津 2 个直辖市,以及成都在内的 7 个超大城市,14 个特大城市,14 个Ⅰ型大城市和 70 个Ⅱ型大城市。

由于流动人口落户方式涉及人才、毕业生、投靠随迁、购房、投资创业、务工经商等,考虑到外来务工人员的学历、职称、职业、住房等方面因素,接下来将依据各城市普遍采用的非户籍人口务工经商相关落户政策,对城区常住人口 300 万以上的Ⅰ型大城市、特大和超大城市的落户政策进行梳理(见表 2 - 1)。

---

① 常住人口:居住在本乡镇街道且户口在本乡镇街道或户口待定的人;居住在本乡镇街道,且离开户口登记地所在的乡镇街道半年以上的人;户口在本乡镇街道,且外出不满半年或在境外工作学习的人。

表 2-1 分城区常住人口规模的不同级别城市的落户条件

落户条件		超大城市	特大城市	I 型大城市
居住	居住登记(年限)	—	—	乌鲁木齐(3)
	本市居住证(年限)	北京、上海、天津、深圳、广州、成都	南京、杭州、武汉、东莞(1)、佛山、昆明(3)、西安(3)	福州(3)、无锡、常州、苏州(1)、宁波、厦门
	合法稳定住所(年限)	北京(1)、上海、深圳	哈尔滨(3)、南京、武汉、长沙、西安	无锡、常州、苏州、合肥、厦门、南宁
就业	合法稳定就业(年限)	北京(1)、上海、广州、重庆(3)、成都	哈尔滨、南京、东莞、长沙	无锡、常州、合肥、厦门、南宁
	单稳	—	沈阳、青岛、郑州	南宁
参保	城镇职工社会保险(年限)	北京(7)、上海(0.5)、天津(1～3)、广州(4)、成都(0.5～3)	东莞(1)、武汉、长沙(1)、佛山(1)、昆明(3)、西安(3)	无锡
	险种要求	—	武汉、昆明、东莞	苏州、乌鲁木齐
积分落户		北京、上海、天津、深圳、广州、成都	南京、杭州、武汉、佛山	苏州
无落户限制		—	大连、济南	石家庄、长春、南昌、南宁、贵阳

资料来源:根据各城市政府网站和公安局网站公开数据整理汇总。

注:①"单稳"指满足"合法稳定就业""合法稳定住所"之一;"险种要求"指部分城市对落户申请人的参保有险种要求,如同时参加医疗和养老保险。7 个超大城市包括上海、北京、深圳、重庆、广州、成都、天津。14 个特大城市包括武汉、东莞、西安、杭州、佛山、南京、沈阳、青岛、济南、长沙、哈尔滨、郑州、昆明、大连。14 个I型大城市包括南宁、石家庄、厦门、太原、苏州、贵阳、合肥、乌鲁木齐、宁波、无锡、福州、长春、南昌、常州。

② 括号中数值表示需要满足该条件的年限,同一括号中数值范围表示该城市不同区域的年限要求不同。

截至 2024 年 5 月,在超大、特大及I型大城市中,实行积分落户的城市包括北京、上海、天津、深圳、广州和成都 6 个超大城市,南京、杭州、武汉和佛山 4 个特大城市,以及城区常住人口超过 300 万的苏州。积分落户指标体系总体包括合法稳定住所(居住年限)、合法稳定就业(缴纳社保年限)、教育背景、创新创业、年龄、获奖、职称及其他指标(如纳税、居住区域)。获得积分落户资格的申请人,其未成年子女可以随迁落户或投靠落户,其配偶、父母可按照所在城市亲属投靠落户政策办理落户。

北京市的要求最为严格，在住所方面，户口申请人在申请合法稳定住所积分时，需要在合法稳定住所连续居住满1年及以上。在就业方面，无论申请人是作为用人单位员工、企业投资经营人还是个体工商户，都要在北京连续工作满1年及以上。苏州市区同样需要申请人连续合法居住1年及以上才能申请积分落户。

在参加城镇职工社会保险方面，北京要求申请人在当地城市连续参保7年，广州要求申请人连续参加社会保险满4年。上海作为一线城市之一，对非户籍人口的申请资格设置较为宽松，只需要缴纳城镇职工社会保险达6个月。而天津户口申请人满足连续1年参保或累计3年参保两个条件之一，即可满足参保要求。其他二线城市的落户条件各异，佛山最为严格，要求申请人连续参保1年。佛山是除一线城市以外，流动人口比重较高的城市。2020年，佛山流动人口为501.88万，占总人口比例达52.84%。成都"8＋1"县（市）（即简阳市、都江堰市、彭州市、邛崃市、崇州市、金堂县、大邑县、蒲江县以及成都东部新区）要求申请人连续参保0.5年，其他地区要求3年。武汉没有参保年限要求，但有险种要求，需要参加养老保险。非户籍人口申请落户苏州市区时，养老保险和医疗保险是必缴险种。

此外，北京、上海、天津、深圳和武汉等超大、特大城市还对落户申请人的年龄做出了限制。例如，北京、上海、天津和武汉要求积分落户申请人的年龄不超过法定退休年龄，即男性不超过60周岁，女性不超过55周岁；深圳要求男性落户申请人不超过55周岁。

各省份实施差别化的落户政策，全面放开了非重点城市的落户限制（见表2-2）。2019年开始，内蒙古、广西纷纷出台相关落户政策，提出全面放开落户。2020年开始，云南、吉林、宁夏、山东、江西、青海、甘肃也提出全面放开落户。2023年，黑龙江、河南提出全面放开落户。2014年开始，四川、贵州、安徽、陕西、湖北和浙江放开了除省会城市的落户限制。2019年，河北放开了除首都周边区域的落户限制，海南放开了除三沙以外区域的落户限制。2020年，福建放开了除厦门以外区域的落户限制，湖南放开了常住人口 300 万以下城镇的落户限制。2023 年,江苏宣布取消除南京和苏州市区的落户限制,确保外地与本地农业转移人口进城落户标准统一。

表 2-2 各省份全面放开落户限制时间表

时间	省份	政策文件
2019 年 1 月	内蒙古	《内蒙古自治区人民政府办公厅关于全面放开城镇落户限制深化户籍制度改革的实施意见》
2019 年 11 月	广西	《广西深化户籍制度改革的若干规定》
2020 年 4 月	云南	《关于建立健全城乡融合发展体制机制政策措施的实施意见》
2020 年 7 月	吉林	《吉林省全面深化户籍制度改革的意见》
2020 年 11 月	宁夏	《关于进一步放宽城市人口准入政策的决定》
2020 年 12 月	山东	《山东省人民政府办公厅关于进一步深化户籍管理制度改革促进城乡融合区域协调发展的通知》
2021 年 2 月	江西	《关于促进劳动力和人才社会性流动体制机制改革的实施意见》
2021 年 6 月	青海	《西宁市户口迁入政策实施细则》
2021 年 10 月	甘肃	《甘肃省"十四五"市场体系建设规划》
2023 年 6 月	黑龙江	《黑龙江省公安机关户籍管理再推新举措》
2023 年 9 月	河南	《郑州市公安局关于进一步深化户籍制度改革的实施意见》

2023 年,国家统计局进行住宅销售价格调查时,对 70 个城市的等级进行了划分。在这 70 个城市中,一线城市包括北京、上海、广州和深圳四个城市;二线城市包括省会城市、自治区首府城市和其他副省级城市,共计 31 个城市;三线城市包括除一、二线城市之外的其他 35 个城市。与此对应,接下来对不同等级城市的落户政策进行梳理(见表 2-3)。

表 2-3 分发展水平的不同级别城市的落户条件

落户条件		一线城市	二线城市	三线城市
居住	居住登记(年限)	—	银川(0.5)、乌鲁木齐(3)	温州(0.5)、金华(0.5)、惠州(0~3)、无锡(0.5)
	本市居住证(年限)	北京、上海、深圳、广州	天津、南京、杭州、宁波(3)、福州(3)、厦门、武汉、海口、成都、昆明主城(3)、西安(3)、银川	丹东(2)、无锡、徐州、泉州、襄阳、三亚

(续表)

落户条件		一线城市	二线城市	三线城市
就业	合法稳定住所(年限)	北京(1)、上海、深圳	哈尔滨(0~3)、南京、合肥、厦门、武汉、长沙、南宁、西安、西宁	牡丹江、无锡、徐州、安庆、湛江(0.25)、常德、惠州、桂林、三亚
	合法稳定就业(年限)	北京(1)、上海、广州	天津、重庆(2~3)、哈尔滨、南京、合肥、厦门、长沙、南宁、成都、银川	无锡、徐州、安庆、惠州、桂林
	单稳	—	太原、沈阳、青岛、郑州、南宁	锦州(5)、无锡、惠州(0~3)、襄阳、桂林
参保	城镇职工社会保险(年限)	北京(7)、上海(0.5)、广州(4)	天津(1~3)、重庆(2~3)、合肥、厦门(0.25)、武汉、长沙(1)、海口、成都(0.5~3)、昆明(3)、西安(3)、乌鲁木齐(3)	徐州、安庆、惠州(0~3)、三亚
	险种要求		武汉、海口、昆明、乌鲁木齐	三亚
实施落户积分政策		北京、上海、深圳、广州	天津、南京、杭州、武汉、成都	—
全面放开落户限制		—	石家庄、呼和浩特、大连、长春、南昌、济南、南宁、海口、贵阳、昆明、兰州、福州、西宁	唐山、秦皇岛、包头、吉林、牡丹江、扬州、泉州、襄阳、常德、南充、蚌埠、赣州、九江、烟台、济宁、洛阳、平顶山、宜昌、岳阳城区、桂林、北海、泸州、遵义、大理

资料来源:根据各城市政府网站和公安局网站公开数据整理汇总。

注:①"单稳"指满足"合法稳定就业""合法稳定住所"之一;险种要求指部分城市对落户申请人的参保有险种要求,如同时参加医疗和养老保险。一线城市包括北京、上海、广州、深圳。二线城市包括天津、石家庄、太原、呼和浩特、沈阳、大连、长春、哈尔滨、南京、杭州、宁波、合肥、福州、厦门、南昌、济南、青岛、郑州、武汉、长沙、南宁、海口、重庆、成都、贵阳、昆明、西安、兰州、西宁、银川、乌鲁木齐。三线城市包括唐山、秦皇岛、包头、丹东、锦州、吉林、牡丹江、无锡、徐州、扬州、温州、金华、蚌埠、安庆、泉州、九江、赣州、烟台、济宁、洛阳、平顶山、宜昌、襄阳、岳阳、常德、韶关、湛江、惠州、桂林、北海、三亚、泸州、南充、遵义、大理。

②括号中数值表示需要满足该条件的年限,同一括号中数值范围表示该城市不同区域的年限要求不同。

在二线城市中,除了全面放开落户限制的石家庄、呼和浩特、大连、长春、南昌、济南、南宁、海口、贵阳、昆明、兰州、福州等城市以外，其他城市都有不同程度的落户条件。

（1）同时要求居住证或居住年限、合法稳定住所、合法稳定就业且缴纳社保的城市有：哈尔滨主城（居住 3 年）、西安（缴纳社保 3 年且居住证满 3 年）。

（2）同时要求满足合法稳定住所和合法稳定就业并缴纳社保的城市有：合肥、长沙市区（1 年社保）。

（3）只需要满足"单稳"，即合法稳定住所、合法稳定就业条件之一并缴纳社保的城市有：太原、青岛、郑州。

（4）部分城市具有多样化的落户选择，例如，山西省会太原除了通过"单稳"途径落户以外，满足一定学历和技术技能要求（如中职学历和中级职称）的也可直接落户。在辽宁省会沈阳，只要有居住证或在沈阳就业、居住的人员都可落户。厦门采取了岛内岛外差异化落户政策，对申请人的落户条件设置了"就业＋社保＋年龄＋学历"的要求。浙江全面放开除杭州外的落户限制，并试行居住证转户籍制度，在城镇地区居住达到一定年限的居住证持有人可以凭居住证在居住地申请登记常住户口。宁波落户只需申请人持有居住证满 3 年。

在三线城市中，全面放开落户限制的有唐山、秦皇岛、包头、吉林、牡丹江、扬州、泉州、襄阳、常德、南充、蚌埠、赣州、九江、烟台、济宁、洛阳、平顶山、宜昌、岳阳城区、桂林、北海、泸州、遵义及大理。其他城市有不同的落户条件。

（1）同时要求满足合法稳定住所、合法稳定就业且缴纳社保的城市有：徐州（持有居住证）和安庆。

（2）只需要满足"单稳"，同时需满足缴纳社保、居住年限的城市包括锦州（连续合法就业或居住 5 年）、无锡（居住半年）、惠州市区（合法稳定居住满 2 年或合法稳定就业且缴纳社保 2 年）、湛江市区（合法稳定居住满 3 个月或合法稳定就业且参保）、乌鲁木齐（居住满 3 年和养老保险满 3 年）。

（3）部分城市具有多样化的落户选择。例如，丹东落户申请人只需居住证满2年。襄阳落户只需落户申请人具有合法稳定住所或合法稳定就业的基本条件，而流动人口可以实现持居住证零门槛落户。海南实施省内省外差异化落户政策，省内居民有稳定住所可落户居住地，来自省外的落户申请人需要有居住证和合法稳定住所，并缴纳养老和医疗保险。此外，温州市仅需居住满半年或持有居住证，金华市要求申请人居住满半年。

在二、三线城市中，鼓励人口集中流入的城市根据中心城区和新区郊区等区域特点，制定差异化的落户政策。同时，推动户籍准入年限同城化累计互认，即在具备条件的城市群和都市圈内，推动户籍准入年限同城化累计互认，促进人口流动和区域协同发展。并且逐步增加租房常住人口落户，即允许租房的常住人口在城市公共户口落户，实现租购同权。

在多个省份和省会城市，除了常规落户政策以外，还推出了各种人才落户政策。为了吸引人才，各类城市的落户政策降低了学历要求、年龄限制、就业创业门槛等，甚至实现"零门槛"落户。整体来看，我国的落户政策趋向于更加开放和灵活，旨在促进人口的有序流动，提高城镇化质量。

四、本章小结

现代户籍制度于20世纪50年代末设立，包括户口登记地和户口类型两方面，将全国人口划分为城市人口和农村人口、本地人口和非本地人口。近年来，我国各城市逐步放宽落户条件，二元户籍制度逐渐退出历史舞台。2022年，《"十四五"新型城镇化实施方案》要求全面取消城区常住人口300万以下的城市落户限制，全面放宽城区常住人口300万～500万的Ⅰ型大城市落户条件，完善城区常住人口500万以上的超大、特大城市积分落户政策。目前各级城市实施的落户政策包括积分落户、居住证转户籍、投靠落户、务工经商落户、人才落户等。

城市落户条件通常包括居住、就业、参保等方面。居住方面的要求主要包括居住年限（自居住登记以来连续居住时间）、是否持有效的当地居住证以及是否符合居住证持有年限、拥有或租赁合法稳定住所并符合相应年限。合法稳定就业通常指的是申请人与用人单位签订正式劳动合同,或投资办企业,或注册登记为个体工商户。一些城市在要求合法稳定就业的同时要求申请人符合参保要求。参保指的是落户申请人在当地连续或累计参加城镇职工社会保险。参保情况能够体现个人在就业地的稳定性和长期居住意愿。

第三章

外来务工人员家庭化流动趋势

上一章介绍了我国户籍制度改革的历程、落户政策类别以及各级别城市的落户要求。落户政策对社会经济发展影响重大，表现在落户门槛关系到地方劳动力市场的运作，包括对人才的吸引和普通务工人员就业机会的获得，不同等级城市间落户门槛的差异也会影响劳动人口的地理空间分布。在此背景下，本章将介绍我国外来务工人员的流动特点与趋势。

一、外来务工人员流动特点

（一）外来务工人员流动范围与流动方向

20 世纪 90 年代以来，出现了大量关于我国人口流动的实证研究。研究重点包括流动人口的地域分布、迁移指标、迁移效应等。若空间移动满足两个标准，即空间移动规模在市/县级以上、在当地居留时间不少于半年，则可称之为"迁移"[6]。根据户口是否发生变化，迁移又可分为临时迁移和永久迁移。如果将户口迁入本地，则称为永久迁移，否则就是临时迁移。永久迁移也被称为"迁徙"。

国家统计局通常统计在当地逗留半年以上的流动人口。人口普查数据显示，2020 年我国流动人口总量为 3.76 亿，占总人口比重为 26.64%，比 2010 年增加 1.5 亿人。虽然总量增加，但增速放缓。从流动范围来看，以省内人口流动为主。跨省流动人口数量为 1.25 亿（33.2%），省内流动人口数量为 2.51 亿（66.8%）。

从流动方向来看，与以往类似，仍然以农村向城镇方向的流动为主，乡城流动占比从 2000 年的 52.2％上升到 2020 年的 66.3％。流动人口持续向经济发达地区聚集,特别是长三角和珠三角地区。东部沿海地区聚集了较多跨省流动人口,而内陆省份聚集了较多省内流动人口。与以往不同的是,随着内陆城市经济社会的发展,省内流动占比持续提高,人口倾向于向就近的城镇流动。有学者指出,我国人口流动已由就业驱动的农村单向流入城市以及城乡循环流动,转变为回流、城镇定居及城—城流动并存[7]。

(二) 外来务工人员在务工地居住年限

根据笔者在 2010 年开展的深圳市外来务工人员住房状况调查,发现大量外来务工人员在深圳居留了很长时间。半数受访者已在深圳工作 4 年,他们在深圳居留的平均年限为 6 年。根据 CGSS 数据,外来务工人员无论是总流动年限还是在流入地的居留年限均有增加趋势。2010 年和 2020 年外来务工人员平均总流动年限分别为 11.48 年和 16.68 年,在务工地的平均居留年限分别为 10.13 年和 15.59 年。2010 年,有 32.8％的外来务工人员的总流动年限短于 5 年,占比最高;2020 年,有 28.8％的外来务工人员总流动年限长于 20 年,占比最高(见图 3 - 1)。外来务工人员在当地的居留年限也呈现出类似的增长趋势(见图 3 - 2)。

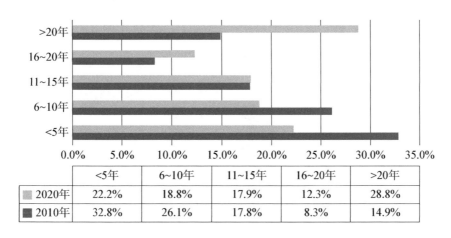

	<5年	6~10年	11~15年	16~20年	>20年
2020年	22.2%	18.8%	17.9%	12.3%	28.8%
2010年	32.8%	26.1%	17.8%	8.3%	14.9%

图 3 - 1 外来务工人员流动年限

资料来源:根据 CGSS 2011 及 CGSS 2021 数据绘制。

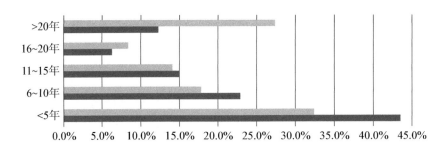

	<5年	6~10年	11~15年	16~20年	>20年
■ 2020年	32.4%	17.8%	14.1%	8.4%	27.4%
■ 2010年	43.5%	22.9%	15.0%	6.3%	12.3%

图 3-2　外来务工人员在当地居留年限

资料来源:根据 CGSS 2011 及 CGSS 2021 数据绘制。

二、外来务工人员配偶与子女随迁情况

据笔者 2010 年在深圳开展的问卷调查,近七成的外来务工人员
(69.8%)独自在深圳务工,没有任何家庭成员。然而,近年来,流动人口家
庭化迁移呈上升趋势[8],流动方式由夫妻共同流动向"夫妻—子女"的核心
家庭流动转变[9]。据 CGSS 数据,2010 年与 2020 年,在我国外来务工人员
中,七成以上为已婚状态(分别为 75.7% 和 71.3%)(见图 3-3)。各个地
区已婚外来务工人员占比情况见表 3-1。

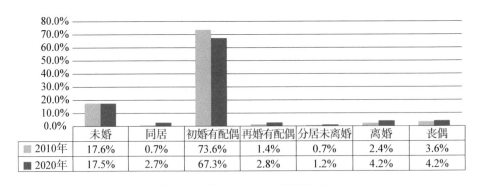

	未婚	同居	初婚有配偶	再婚有配偶	分居未离婚	离婚	丧偶
■ 2010年	17.6%	0.7%	73.6%	1.4%	0.7%	2.4%	3.6%
■ 2020年	17.5%	2.7%	67.3%	2.8%	1.2%	4.2%	4.2%

图 3-3　外来务工人员婚姻状况

资料来源:根据 CGSS 2011 及 CGSS 2021 数据绘制。

表 3-1 各地区已婚外来务工人员占比 %

省/自治区/直辖市	2010 年(N＝414)		2020 年(N＝753)	
	已婚	其他	已婚	其他
安徽省	83.3	16.7	75.0	25.0
北京市	81.2	18.8	68.1	31.9
福建省	100.0	0.0	92.9	7.1
甘肃省	66.7	33.3	76.3	23.7
广东省	68.0	32.0	——	——
广西壮族自治区	60.0	40.0	46.2	53.8
贵州省	78.6	21.4	——	——
河北省	76.9	23.1	100.0	0.0
河南省	88.9	11.1	86.4	13.6
黑龙江省	75.0	25.0	——	——
湖北省	83.3	16.7	79.1	20.9
湖南省	100.0	0.0	91.3	8.7
吉林省	83.3	16.7	——	——
江苏省	88.9	11.1	76.5	23.5
江西省	56.3	43.8	71.4	28.6
辽宁省	65.7	34.3	57.8	42.2
内蒙古自治区	——	——	0.0	100.0
宁夏回族自治区	——	——	88.9	11.1
青海省	75.0	25.0	——	——
山东省	78.3	21.7	79.7	20.3
山西省	71.4	28.6	52.4	47.6
陕西省	100.0	0.0	84.6	15.4
上海市	46.7	53.3	——	——
四川省	81.8	18.2		
天津市	65.0	35.0	——	——
浙江省	75.0	25.0	67.7	32.3
重庆市	66.7	33.3	50.0	50.0

资料来源:数据整合自 CGSS 2011 及 CGSS 2021。部分城市无样本。

根据 CGSS 数据,2010 年与 2020 年,在已婚外来务工人员中,大多数人员的配偶随迁,占比分别为 64.0％和 64.5％(见表 3-2)。有子女的外来务工人员超过七成(分别为 76.1% 和 76.5%)(见图 3-4),子女随迁占比分别为 47.1% 和 37.5%。据 2018 年 CMDS 数据,在当地家庭规模为 4 人的外来务工人员比重最高,占 33.5%,3 人次之(32.4%)(见图 3-5)。

表 3-2 外来务工人员配偶与子女随迁情况

	2010 年(N=414)		2020 年(N=753)	
	数量(人)	占比(%)	数量(人)	占比(%)
配偶随迁	265	64.0	486	64.5
子女随迁	195	47.1	282	37.5

资料来源:数据整合自 CGSS 2011 及 CGSS 2021。

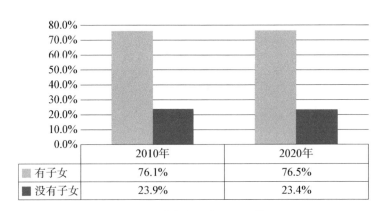

	2010年	2020年
有子女	76.1%	76.5%
没有子女	23.9%	23.4%

图 3-4 外来务工人员子女状况

资料来源:根据 CGSS 2011 及 CGSS 2021 数据绘制。

三、外来务工人员的居留意愿

与家庭化迁移密切相关,外来务工人员在务工地的居留意愿有较大的提升,虽然在当地的永久居留意愿仍然不高。据 2018 年 CMDS 数据,有超过八成的外来务工人员打算在当地继续居留,仅有 2.1% 的外来务工人员表示未来没有继续居留的打算(见图 3-6)。值得注意的是,在有居留计划的外来务工人员中,仅有约五分之一的有在当地永久定居的打算,约五分

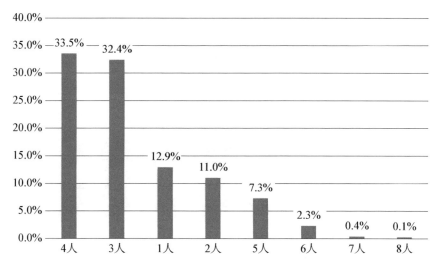

图 3‐5　外来务工人员同住家庭人数

资料来源:根据 2018 年 CMDS 数据绘制。

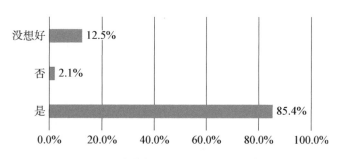

图 3‐6　外来务工人员在本地居留意愿

资料来源:根据 2018 年 CMDS 数据绘制。

之一的打算在当地生活 4 年以内,打算生活 10 年以上的约占一成。约三成的外来务工人员虽然表示有继续在务工地居留的打算,但还没有想好在当地继续生活多久(见图 3‐7)。

在外来务工家庭中,家庭成员都有明确居留意愿的占 43%,有明确落户意愿的仅占 16%,既有居留意愿又有落户意愿的占比为 11.3%[10]。值得注意的是,相比发展水平较高地区,发展水平较低地区的外来务工家庭具有更高的居留意愿,占比达到 41.5%。其中,相比租房的外来务工家庭

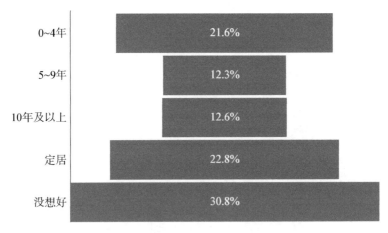

图 3-7 外来务工人员打算在本地的居留年限

资料来源：根据 2018 年 CMDS 数据绘制。

（39.9%），拥有自有住房的外来务工家庭的居留意愿明显更高，占比达到 60.1%。此外，相比发展水平较低地区，发展水平较高地区的外来务工家庭有更高的落户意愿，占比达到 62.8%。可能受高房价的影响，租房家庭（64.9%）的落户意愿明显高于自有住房家庭（35.1%）。这似乎表明，发展水平较高地区的户口对租房者可能具有更大的吸引力。

以上特点与笔者于 2010 年在深圳开展的深圳市外来务工人员住房状况调查发现类似，大量外来务工人员未来仍有继续流动的计划。其中，38% 的外来务工人员计划返回家乡，20.9% 的外来务工人员计划到其他城市工作，56.2% 的外来务工人员在未来 7 年内有搬家的打算。根据笔者在深圳的调查，当被问及"不确定是否返乡"的原因时，深圳外来务工人员最常提到的原因是无法负担日常开支，其次是住房问题。其他依次提及的原因包括需要照顾在家乡的家人、户口问题、返乡结婚、退休、子女教育、工作机会、受到本地人歧视、生病和工资低等。根据 CMDS 数据，外来务工人员"不确定是否返乡"的原因主要是工作机会，其次是户口、收入、住房所有权以及老家的家庭成员等因素。对于打算返乡的外来务工人员来说，相对较低的经济承受能力和家庭问题是最主要的原因。对于那些不确定是否返乡的外来务工人员来说,工作机会在很大程度上决定了他们未来的居住地。对于外来务工人员中的人才群体而言,他们在务工地的居留意愿似乎更高。笔者团队开展的一项针对上海市外来务工人员中人才群体的研究发现,约49%的外来务工人才打算在上海永久定居[11]。

四、本章小结

虽然我国流动人口总量增加,但增速放缓。2020年,我国流动人口总量为3.76亿,占总人口比重为26.64%,比2010年增加1.5亿人。从流动范围来看,以省内人口流动为主。从流动方向来看,仍然以农村向城镇方向的流动为主。流动人口持续向经济发达地区聚集,特别是长三角和珠三角地区。东部沿海地区聚集了较多跨省流动人口,而内陆省份聚集了较多省内流动人口。与以往不同的是,随着内陆城市经济社会的发展,省内流动占比持续提高,人口趋向于向就近的城镇流动。

近年来,流动人口家庭化迁移呈上升趋势,流动方式由夫妻共同流动向"夫妻—子女"的核心家庭流动转变。与家庭化迁移密切相关,外来务工人员在务工地的居留意愿有较大的提升,虽然在当地永久居留的意愿仍然不高。无论是总流动时间还是在流入地的居留时间均有增加趋势。值得注意的是,据2018年CMDS数据,有超过八成的外来务工人员打算在当地继续居留。然而,在有居留计划的外来务工人员中,仅有约五分之一的有在当地永久定居的打算。约三成的外来务工人员虽然表示有继续在务工地居留的打算,但还没有想好在当地继续生活多久。

相比发展水平较高地区,发展水平较低地区的外来务工家庭具有更高的居留意愿;而发展水平较高地区的外来务工家庭拥有更高的落户意愿。此外,相比租房的外来务工家庭,拥有自有住房的外来务工家庭的居留意愿明显更高。值得注意的是,发展水平较高地区的户口对租房者可能具有更大的吸引力。

第二部分

外来务工家庭随迁子女
特点与教育现状

第四章

随迁子女特点

我国人口流动经历了个体迁移、夫妻迁移和家庭迁移三个阶段,从个体流动逐渐转变成举家迁移,又以夫妻携带子女的核心家庭流动为主。有子女的外来务工家庭在流动时或选择将子女留在家乡,或选择携带子女一起迁移。随迁子女指的是户籍登记在外省或本省外市/县,随父母迁移到本地达到半年以上,并接受本地教育的适龄儿童/少年。随迁子女与流动儿童这两个概念在定义上相似,随迁子女多用于各城市的教育政策文件中,而流动儿童则常用于人口统计报告中。本章主要介绍外来务工家庭随迁子女的特点,与人口统计报告相对应,主要使用流动儿童这一概念,涵盖0～17岁的流动儿童和少年。

一、流动儿童规模与流动原因

(一) 流动儿童规模

随着人口在全国范围内大规模地流动,流动人口子女受到的影响也越来越大。据联合国儿童基金会、联合国人口基金和国家统计局在2023年共同发布的《2020年中国儿童人口状况:事实与数据》,2020年,我国0～17周岁流动人口子女数量大幅增加,在2010年的基础上增加了30.8%,增加到1.38亿人(既包含随迁儿童,也包含留守儿童),约占我国儿童总数的一半(46.4%)(见表4-1)。

表4-1 流动儿童数量与变化趋势

	2010 年		2020 年		变化率(%)
	数量(万人)	占比(%)	数量(万人)	占比(%)	
儿童总数	27 891	—	29 766	—	6.7
流动人口子女	10 554	37.8	13 802	46.4	30.8
流动儿童	3 581	12.8	7 109	23.9	98.5
留守儿童	6 973	25.0	6 693	22.5	—4

资料来源：国家统计局. 中国儿童人口状况 2013——事实与数据［EB/OL］.（2014-10-09）［2024-06-21］. https://www. unicef. cn/reports/census-data-about-children-china-2013.

国家统计局. 2020 年中国儿童人口状况——事实与数据［EB/OL］.（2023-04-19）［2024-06-21］. https://www. stats. gov. cn/zs/tjwh/tjkw/tjzl/202304/t20230419_1938814. html.

国务院第七次全国人口普查领导小组办公室. 中国人口普查年鉴 2020［M］. 北京：中国统计出版社,2022.

国务院人口普查办公室,国家统计局人口和就业统计司. 中国 2010 年人口普查资料［M］. 北京：中国统计出版社,2012.

2020 年,流动儿童达 7 109 万人,占流动人口子女数量的 51.5％(见图 4-1),占全国儿童总数的 23.9％,也就是说,每四位儿童中就有一位是流动儿童。值得注意的是,2020 年,留守儿童为 6 693 万人,占流动人口子女数量的 48.5％,占全国儿童总数的 22.5％,相较于 10 年前,留守儿童的数

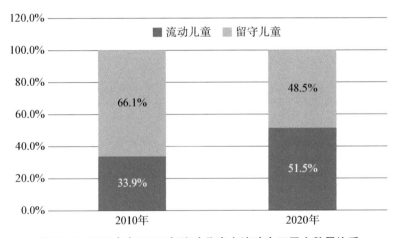

图 4-1 2010 年与 2020 年流动儿童占流动人口子女数量比重

量与比重均有所下降。越来越多的流动人口子女成为流动儿童。

（二）儿童流动原因

关于人口流动原因，第六次人口普查列出了务工经商、工作调动、学习培训、随迁家属、投靠亲友、拆迁搬家、寄挂户口、婚姻嫁娶以及其他共九种流动原因。而第七次人口普查数据中给出的人口流动原因包括工作就业、学习培训、随同离开/投靠亲友、寄挂户口、婚姻嫁娶、照料孙子女、为子女就学、养老/康养以及其他。结合两次人口普查，将务工经商与工作调动合并为工作就业，随迁家属和投靠亲友合并为随迁投靠，照料孙子女、为子女就学、养老/康养归类到其他，整理出表4-2中七条流动原因。虽然2010—2020年，随迁投靠和学习培训是儿童在乡镇街道及以上范围流动的主要原因，但因拆迁搬家和寄挂户口而流动的儿童规模增长最为明显，2020年比2010年分别增长了437.25%和257.14%。

表4-2　户口登记地在外乡镇街道的儿童的流动原因

流动原因	2010 年		2020 年		增长率（%）
	规模（万人）	占比（%）	规模（万人）	占比（%）	
工作就业	229	5.36	134	1.43	−41.48
学习培训	1 185	27.74	2 941	31.14	148.19
随迁投靠	2 277	53.30	3 794	40.18	66.62
拆迁搬家	247	5.78	1 327	14.05	437.25
寄挂户口	35	0.82	125	1.32	257.14
婚姻嫁娶	4	0.09	3	0.03	−25
其他	295	6.91	1 119	11.85	279.32
总计	4 272	100	9 443	100	—

资料来源：国务院第七次全国人口普查领导小组办公室.中国人口普查年鉴2020[M].北京：中国统计出版社,2022.
国务院人口普查办公室,国家统计局人口和就业统计司.中国2010年人口普查资料[M].北京：中国统计出版社,2012.

随迁投靠和学习培训是儿童在乡镇街道及以上范围发生空间流动的主要原因（见图4-2）。随迁投靠和学习培训是2010—2020年儿童流动的主要原因，2010年占比合计超过80%，2020年占比合计超过70%，相较于2010年总体比重有所下降，主要原因为因拆迁搬家而发生流动的儿童比重增加，2020年增加了近一成。具体来看，2010—2020年，儿童因学习培训发生流动的比重有所增加，因随迁投靠发生流动的比重大幅降低，因拆迁搬家发生流动的比重有较大幅度上升。2020年，因随迁投靠发生流动的儿童为3794万人，占40.18%，占比最大；因学习培训发生流动的儿童为2941万人，占31.14%；因拆迁搬家和其他原因发生流动的儿童分别为1327万人和1119万人，占14.05%和11.85%。

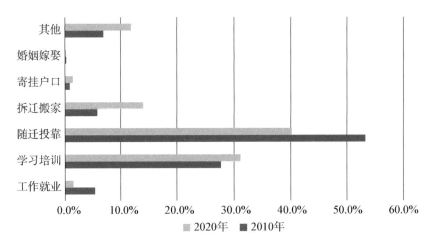

图4-2　2010年与2020年儿童流动原因(户口登记地在外乡镇街道儿童)

注：婚姻嫁娶指15周岁及以上儿童因结婚而离开户口登记地。

与2010年相比，2020年因工作就业和婚姻嫁娶导致的儿童流动规模减小。2010年，因工作就业而流动的儿童为229万人，占5.36%，而2020年则减少了近一半的规模。一方面反映了儿童早就业、早成婚现象的减少，另一方面反映了流动家庭对子女教育的重视，以及教育阶段流动人口子女辍学数量的减少。

随迁投靠规模虽然增长了一倍多，但在所有流动原因中占比有所下降。因随迁投靠导致的儿童流动规模从2010年的2277万人增加到了2020年的3794万人，占比却从53.30%降低到了40.18%。这可能是因为随迁投靠让位于其他更重要的原因,如学习培训等。此外,根据流动儿童的年龄分布,2020 年 0 岁新生流动儿童规模是 2010 年的 3.11 倍。随迁投靠的占比降低可能是因为家庭越来越倾向于在孩子出生前就选定流动城市,或在流入地定居并生儿育女。

1. 性别差异

儿童流动原因的性别差异不明显(见表 4-3)。男童因工作就业发生流动的比重略高于女童,因学习培训和婚姻嫁娶而发生流动的比重低于女童,其他流动原因的比例相近。与 2010 年相比,2020 年男童因学习培训而发生流动的比重从低于女童转为持平,而在随迁投靠方面由高于女童转为持平。

表4-3　户口登记地在外乡镇街道的儿童分性别的流动原因　　　　%

流动原因	2010 年		2020 年	
	男	女	男	女
工作就业	5.41	5.32	1.68	1.12
学习培训	26.28	29.39	30.90	31.42
随迁投靠	54.66	51.75	40.20	40.15
拆迁搬家	5.80	5.76	14.09	14.02
寄挂户口	0.82	0.82	1.31	1.35
婚姻嫁娶	0.01	0.17	0.01	0.06
其他	7.03	6.79	11.82	11.89

资料来源:国务院第七次全国人口普查领导小组办公室.中国人口普查年鉴2020[M].北京:中国统计出版社,2022.
国务院人口普查办公室,国家统计局人口和就业统计司.中国 2010 年人口普查资料[M].北京:中国统计出版社,2012.

2. 教育阶段差异

流动原因在儿童的不同教育阶段存在明显差异(见图 4-3)。其中,值得关注的明显变化是,2020 年开始有幼儿阶段和学前阶段的儿童发生流动。具体来看,随迁投靠是幼儿阶段(0～2 岁)、学前阶段(3～5 岁)、小学阶段(6～11 岁)和初中阶段(12～14 岁)儿童流动的主要原因,占比随着教育阶段的上升而逐渐下降。学习培训是高中阶段(15～17 岁)儿童流动的主要原因。与 2010 年相比，2020 年各教育阶段的儿童因随迁投靠而流动的比例有所下降，因学习培训和拆迁搬家而流动的比例有所上升。

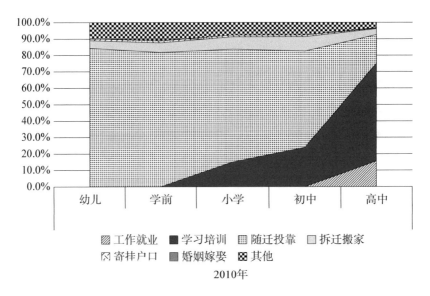

2010年

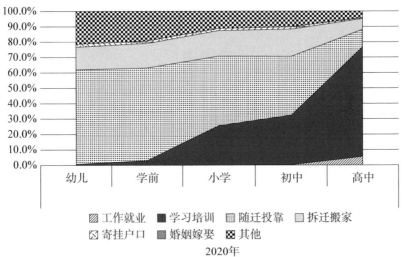

2020年

图 4-3　不同教育阶段儿童的流动原因（户口登记地在外乡镇街道）

资料来源：国务院第七次全国人口普查领导小组办公室. 中国人口普查年鉴 2020［M］. 北京：中国统计出版社，2022.
国务院人口普查办公室，国家统计局人口和就业统计司. 中国 2010 年人口普查资料［M］. 北京：中国统计出版社，2012.

3. 流入地类别差异

按流入地类别来看,随迁投靠和学习培训是居住在城市、镇和乡村儿童的两大主要流动原因(见图 4 - 4),但 2010—2020 年间,不同居住地儿童的首要流动原因有所区别。2020 年,随迁投靠是往城市和乡村流动儿童的首要流动原因,占比分别为 42.71% 和 39.52%;其次是学习培训,占比分别为 28.44% 和 26.96%。学习培训是镇上流动儿童的首要流动原因,占比为 37.18%,其次是随迁投靠,占比为 35.73%。2010 年,随迁投靠均是城市、镇和乡村流动儿童的首要流动原因,在城市和乡村流动儿童中占比达到

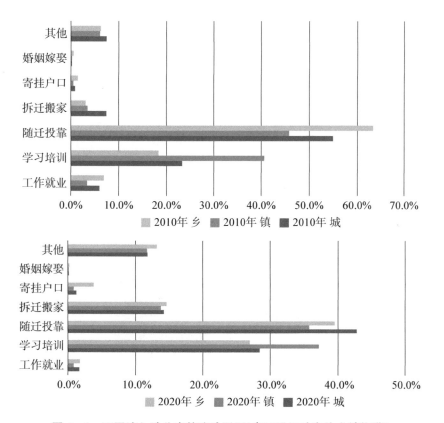

图 4 - 4　不同流入地儿童的流动原因(户口登记地在外乡镇街道)

资料来源:国务院第七次全国人口普查领导小组办公室. 中国人口普查年鉴 2020[M].北京:中国统计出版社,2022.

国务院人口普查办公室,国家统计局人口和就业统计司. 中国 2010 年人口普查资料[M]. 北京:中国统计出版社,2012.

95.99%和63.41%。对比2010年与2020年,随迁投靠的比例在10年间大幅下降,而学习培训的比例在城市和乡村有所增加。值得注意的是,2010年,居住在镇上流动儿童的首要流动原因是随迁投靠,但是到2020年,儿童流动的首要原因变成了学习培训。

二、流动儿童年龄分布、教育阶段与性别结构

(一) 年龄分布

结合第六次人口普查与第七次人口普查资料,绘制2010年与2020年流动儿童年龄分布对比图(见图4-5)。从图中可以看出,2020年,不仅流动儿童总数大幅超过2010年,相同年龄的流动儿童规模与2010年相比也

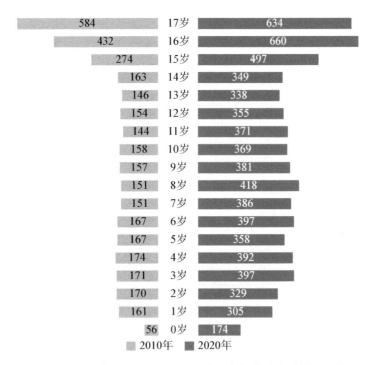

图4-5 2010年与2020年中国流动儿童年龄分布(单位:万人)

资料来源:国务院第七次全国人口普查领导小组办公室.中国人口普查年鉴2020[M].北京:中国统计出版社,2022.
国务院人口普查办公室,国家统计局人口和就业统计司.中国2010年人口普查资料[M].北京:中国统计出版社,2012.

有较大涨幅。具体来看,2010 年,15～17 岁的流动儿童规模较大,17 岁流动儿童超过 500 万人,15 岁以下各年龄层的流动儿童规模均不超过 200 万人,大龄流动儿童与低龄流动儿童的规模差距较大。值得注意的是,2020 年,低龄流动儿童的数量急剧增加,1～15 岁的流动儿童规模在 300 万～500 万人之间,16 岁和 17 岁的大龄流动儿童超过 600 万人,大龄流动儿童与低龄流动儿童规模的差距在逐渐减小。

从增长趋势上看,3～14 岁的流动儿童在 2010—2020 年间增长了一倍多,15～16 岁流动儿童的增长率分别为 81.35% 和 52.83%,而 17 岁流动儿童的增长率仅为 8.49%。大龄流动儿童的数量大但增长率极低,原因可能是完成义务教育阶段的学习后,他们能独立外出务工或就学,从而提高了流动参与率。然而,作为非户籍学生,他们在流入地的高中入学和高考资格受到限制,从而抑制了流动增长率。值得注意的是,2020 年 0 岁新生流动儿童的数量是 2010 年的 3.11 倍。新生流动儿童规模大幅增长反映了家庭越来越倾向于在孩子出生前就选定流动城市,或在流入地定居并生儿育女。

(二) 教育阶段

根据《2020 年中国儿童人口状况——事实与数据》中对 0～17 周岁儿童按年龄划分的发展阶段,将儿童发展阶段分为幼儿阶段(0～2 周岁)、学前教育阶段(3～5 周岁)、小学阶段(6～11 周岁)、初中阶段(12～14 周岁)和高中阶段(15～17 周岁)五个阶段。2010 年和 2020 年,小学阶段和高中阶段的流动儿童占据相当大的比例。值得注意的是,2010 年以高中阶段流动儿童为主,到了 2020 年,转变为以小学阶段流动儿童为主(见表 4-4)。

表 4-4　不同教育阶段的流动儿童分布

阶段划分	2010 年		2020 年		增长率 (%)
	数量(万人)	占比(%)	数量(万人)	占比(%)	
幼儿阶段(0～2 周岁)	386	10.79	808	11.36	109.33
学前教育阶段 (3～5 周岁)	512	14.30	1 147	16.13	124.02

（续表）

阶段划分	2010 年		2020 年		增长率（%）
	数量（万人）	占比（%）	数量（万人）	占比（%）	
小学阶段（6～11周岁）	929	25.94	2 321	32.64	149.84
初中阶段（12～14周岁）	464	12.95	1 043	14.67	124.78
高中阶段（15～17周岁）	1 290	36.02	1 791	25.19	38.84
总计	3 581	100	7 110	100	98.52

资料来源：国务院第七次全国人口普查领导小组办公室. 中国人口普查年鉴 2020[M].
北京：中国统计出版社，2022.
国务院人口普查办公室，国家统计局人口和就业统计司. 中国 2010 年人口普查资料
[M]. 北京：中国统计出版社，2012.

低义务教育阶段流动儿童数量急剧增长，可能与流入地政府积极落实"两为主、两纳入"方针，采取一系列措施保障流动人口随迁子女的入学机会有关，吸引了义务教育阶段的儿童随迁。根据教育部发布的系列《全国教育事业发展统计公报》，2010—2022 年，全国义务教育阶段在校生中，进城务工人员随迁子女规模从 1 167.17 万人上升到 1 364.68 万人。

（三）性别结构

流动儿童在性别结构上整体呈现出男多女少的特点，随着年龄的增长，较大年龄段流动儿童的性别比发生一定变化（见图 4－6）。2020 年，在流动儿童中，男童为 3 807 万人，女童为 3 302 万人，男女性别比为 115.27（女童＝100），比 2010 年的性别比 114.71 略有上升。2010 年，0～13 周岁流动儿童性别比稳定在 120 左右，流动男童数量多于女童，到 14 周岁之后，性别比出现急剧下降。14 周岁年龄段流动儿童的性别比为 115.55，17 周岁为 100.35，男女流动儿童比例在 17 周岁趋于相同。值得注意的是，2020 年，各个年龄段流动儿童的性别比均未超过 120，在 3～11 周岁有上升趋势，随后稳步下降。

2010 年和 2020 年不同年龄的流动儿童性别比呈现较大差异，性别结

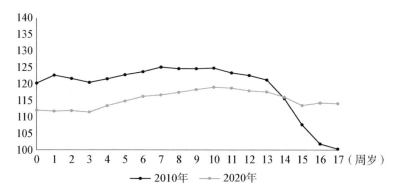

图 4-6 2010 年与 2020 年流动儿童性别比(女=100)

资料来源:国务院第七次全国人口普查领导小组办公室. 中国人口普查年鉴 2020[M].
北京:中国统计出版社,2022.
国务院人口普查办公室,国家统计局人口和就业统计司. 中国 2010 年人口普查资料
[M]. 北京:中国统计出版社,2012.

构趋于平稳。虽然 2020 年流动儿童总体性别比略有增加,但 0~13 周岁的
流动儿童性别比明显低于 2010 年。14 周岁流动儿童性别比在 2010 年与
2020 年趋同,分别为 115.55 和 116.01。2010 年与 2020 年的 15 周岁流动
儿童性别比均呈现下降趋势。16~17 周岁流动儿童的性别比在 2010 年与
2020 年呈现出不同的走向,相比于 2010 年的持续下降,2020 年逐渐趋于
平稳。

总体来说,各个教育阶段流动儿童性别比同期差距逐渐缩小,同样呈
现逐渐平稳的趋势。从不同教育阶段来看,2020 年,义务教育阶段流动儿
童的性别比最高,而 2010 年为小学及以前的教育阶段(见表 4-5)。

表 4-5 不同教育阶段流动儿童的性别结构

阶段划分	2010 年			2020 年		
	男(万人)	女(万人)	性别比	男(万人)	女(万人)	性别比
幼儿阶段(0~2 周岁)	212	174	121.84	426	381	111.81
学前教育阶段 (3~5 周岁)	281	231	121.65	609	538	113.20

（续表）

阶段划分	2010 年			2020 年		
	男（万人）	女（万人）	性别比	男（万人）	女（万人）	性别比
小学阶段（6～11周岁）	515	414	124.40	1 255	1 066	117.73
初中阶段（12～14周岁）	253	211	119.91	563	480	117.29
高中阶段（15～17周岁）	653	637	102.51	954	837	113.98
总计	1 914	1 667	114.69	3 807	3 302	115.29

资料来源：国务院第七次全国人口普查领导小组办公室.中国人口普查年鉴 2020[M].北京：中国统计出版社，2022.

国务院人口普查办公室，国家统计局人口和就业统计司.中国 2010 年人口普查资料[M].北京：中国统计出版社，2012.

三、流动儿童流动范围与城乡分布

（一）流动范围

从流动范围来看，大部分流动儿童经历的是省内跨市的流动，且省内跨市流动比重有上升趋势（见表 4－6）。2010—2020 年，省内跨市流动儿童规模和比例增长迅速。具体来说，与 2010 年相比，2020 年省内跨市流动儿童规模增长超过 3 000 万人，是 2010 年的一倍多；跨省流动儿童增长了 522 万人，增长率达到 55.5%。省内跨市流动儿童规模的增长速度是跨省流动的 2 倍。

表 4－6　流动儿童的流动范围

	2010 年		2020 年		增长率（%）
	数量（万人）	占比（%）	数量（万人）	占比（%）	
省内跨市	2 641	73.75	5 647	79.43	113.82
跨省	940	26.25	1 462	20.57	55.53
总计	3 581	100	7 109	100	—

资料来源：国务院第七次全国人口普查领导小组办公室.中国人口普查年鉴 2020[M].北京：中国统计出版社，2022.

国务院人口普查办公室，国家统计局人口和就业统计司.中国 2010 年人口普查资料[M].北京：中国统计出版社，2012.

2020 年,流动儿童以省内跨市流动为主,是跨省流动的近 4 倍。2020 年,跨省流动儿童为 1 462 万人,省内跨市的流动儿童为 5 647 万人,约占流动儿童总量的 80%。而在 2010 年省内跨市流动的儿童是跨省流动的近 3 倍。2010 年,省内跨市和跨省流动的儿童分别为 2 641 万人和 940 万人,省内跨市规模同样远高于跨省流动规模。

此外,2010 年与 2020 年,不同流动范围的流动儿童均呈现男多女少的特征(见图 4-7)。2020 年省内跨市的流动儿童中,男童 3 000 万人,女童 2 647 万人,男女性别比为 113,与 2010 年的性别比 111 相近,男童略多于女童。跨省流动的儿童中,2020 年的男女性别比为 123,比 2010 年的 126 略有下降,男童同样多于女童。这些数据表明,2010 年与 2020 年,儿童流动在省内与省外范围上没有明显的性别差异。

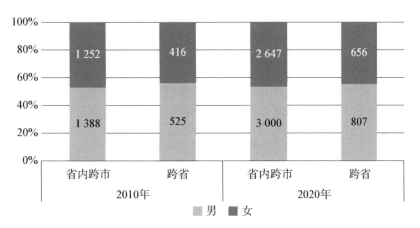

图 4-7　2010 年与 2020 年不同性别的流动儿童的流动范围(单位:万人)

资料来源:国务院第七次全国人口普查领导小组办公室. 中国人口普查年鉴 2020[M]. 北京:中国统计出版社,2022.
国务院人口普查办公室,国家统计局人口和就业统计司. 中国 2010 年人口普查资料 [M]. 北京:中国统计出版社,2012.

各个年龄段的流动儿童均以省内跨市流动为主(见图 4-8)。当儿童超过 14 周岁时,省内跨市与跨省流动的儿童规模比值陡升,到 16 周岁时达到最大,随后减小。也就是说,14 周岁及以上的流动儿童比其他年龄的流动儿童更有省内跨市流动的倾向。对比两次人口普查数据,2020 年的儿童流动范围与 2010 年有明显区别。在不同年龄段,2020 年流动儿童省内跨市流动与跨省流动的比例都高于 2010 年,省内流动在家庭及其子女各个年龄阶段的流动中占据了越来越重要的地位。2010 年,随着流动儿童年龄的增加,省内跨市的概率更大。与 2010 年不同,2020 年,14 周岁以下儿童省内跨市流动与跨省流动的比例稳定波动,不存在年龄与流动范围选择的明显偏好。

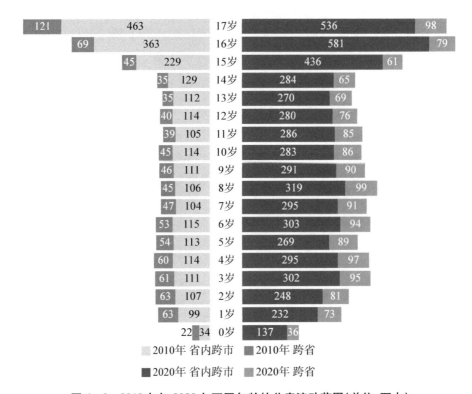

图 4-8 2010 年与 2020 年不同年龄的儿童流动范围(单位:万人)

资料来源:国务院第七次全国人口普查领导小组办公室.中国人口普查年鉴 2020[M].北京:中国统计出版社,2022.
国务院人口普查办公室,国家统计局人口和就业统计司.中国 2010 年人口普查资料[M].北京:中国统计出版社,2012.

(二) 城乡分布

随着我国城镇化的快速推进,人口流动不再局限于从农村到城市,还包括从农村到周边的建制镇、从小城市到大城市,以及建制镇之间的流动。基于全国人口普查资料,接下来对流动儿童在城、镇、乡的分布结构进行刻画(见表4-7)。

表4-7 流动儿童城镇乡分布

	2010年		2020年		增长率(%)
	数量(万人)	占比(%)	数量(万人)	占比(%)	
城	1 887	52.69	3 459	48.65	83.35
镇	1 219	34.04	2 948	41.46	141.84
乡	475	13.27	703	9.89	48.00
总计	3 581	100	7 110	100	——

资料来源:国务院第七次全国人口普查领导小组办公室.中国人口普查年鉴2020[M].北京:中国统计出版社,2022.

国务院人口普查办公室,国家统计局人口和就业统计司.中国2010年人口普查资料[M].北京:中国统计出版社,2012.

在城市、建制镇和乡村,2020年流动儿童规模均比2010年有所增长。与2010年相比,2020年城市的流动儿童规模增长了1 572万人,增长率为83.35%;建制镇的流动儿童增长最快,增长率为141.84%,规模增加了1 729万人;乡村的流动儿童同样有大幅增长,规模是2010年的1.48倍。

2020年,流动儿童主要向城镇地区流动。居住在城市和乡村的流动儿童的比例有所下降,居住在建制镇的流动儿童的比例有所上升。因经济发展、产业转移、基础设施逐步完善等利好因素,建制镇逐渐成为吸引流动人口的新热点,流动儿童在建制镇的居住比例增加。其中,居住在城市的流动儿童规模为3 459万人,约占流动儿童总量的一半(48.65%),居住在镇的流动儿童有2 948万人,占比41.46%。也就是说,90%以上的流动儿童居住在城镇,其余的流动儿童居住在乡村。2010年流动儿童在城镇乡的分布与2020年类似,也是以城市为主,其次是建制镇,最后是乡村。

2010 年与 2020 年,流动儿童在城镇乡的分布几乎相同(见图 4 - 9)。城市、建制镇和乡村的流动儿童性别比在 113~118 之间,总体上维持男多女少的态势,城市地区的性别比略高于建制镇和乡村,表明流动家庭对儿童居住地类型的选择不存在明显的性别偏好。

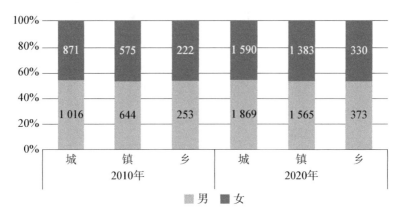

图 4 - 9 2010 年与 2020 年不同性别的流动儿童城镇乡分布(单位:万人)

资料来源:国务院第七次全国人口普查领导小组办公室.中国人口普查年鉴 2020[M].北京:中国统计出版社,2022.
国务院人口普查办公室,国家统计局人口和就业统计司.中国 2010 年人口普查资料[M].北京:中国统计出版社,2012.

从流动范围来看,流入建制镇的儿童大多经历了省内跨市的流动。2010 年,居住在建制镇的流动儿童中,通过省内流动方式来到目的地的占 85.91%,2020 年这一比例达到 90.93%。2010 年和 2020 年,居住在城市的流动儿童分别有 1 285 万人和 2 450 万人经历了省内跨市范围的流动(见图 4 - 10),占城市流动儿童的比例分别为 68.09% 和 70.82%。在流动儿童城镇乡居住地类型选择上,2010 年与 2020 年没有太大差别。

从年龄段看,15~17 周岁流动儿童居住在城市和建制镇的规模相近(见图 4 - 11)。2020 年,15 周岁流动儿童居住在城市和建制镇的规模分别为 220 万人和 233 万人,16 周岁流动儿童居住在城市和建制镇的规模为 293 万人和 309 万人。在这两个年龄段,建制镇的流动儿童数量超过城市。城市与建制镇的 17 周岁流动儿童规模相近,分别为 302 万人与 277 万人。

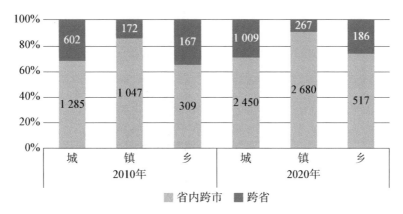

图 4-10　2010 年与 2020 年不同流动范围的流动儿童城镇乡分布(单位:万人)

资料来源:国务院第七次全国人口普查领导小组办公室.中国人口普查年鉴2020[M].
北京:中国统计出版社,2022.
国务院人口普查办公室,国家统计局人口和就业统计司.中国2010年人口普查资料
[M].北京:中国统计出版社,2012.

四、本章小结

流动儿童作为社会转型和城镇化进程中的特殊群体,不仅是构建未来人口结构和社会发展的基石,而且是推动社会可持续发展的关键。对比2010年与2020年两次人口普查统计数据,流动儿童在规模、结构、流向和流动原因方面呈现出以下特点。

一是流动儿童规模庞大,增长迅速。2020年全国流动人口子女规模达到1.38亿人,0~17周岁流动儿童规模超过7000万人。与2010年相比,规模翻了一倍。各年龄段流动儿童规模均大幅增长,低龄流动儿童规模增幅较大。流动儿童男多女少,性别结构趋于平稳。

二是以省内跨市流动为主,向镇聚集趋势明显。2020年,流动儿童主要在省内跨市流动,是跨省流动的近4倍。2010年,流动儿童省内跨市流动的规模仅为跨省流动规模的3倍。流动儿童居住在建制镇的比例逐年上升,九成向建制镇聚集的流动儿童经历了省内跨市流动。2010年流动儿童以城市作为主要居住地,2020年建制镇逐渐受到流动儿童,尤其是大龄

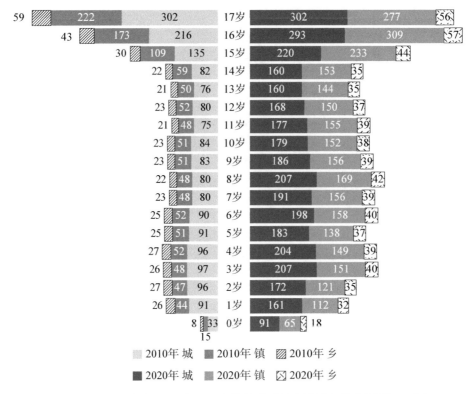

图 4-11　2010 年与 2020 年不同年龄的流动儿童城镇乡分布（单位：万人）

资料来源：国务院第七次全国人口普查领导小组办公室. 中国人口普查年鉴 2020[M].
北京：中国统计出版社，2022.
国务院人口普查办公室，国家统计局人口和就业统计司. 中国 2010 年人口普查资料
[M].北京：中国统计出版社，2012.

流动儿童的关注，建制镇流动儿童的规模增长比城市迅速。建制镇在安置流动人口及其子女的过程中发挥了越来越重要的作用。

三是随迁投靠减少，学习培训导致流动增多。随迁投靠和学习培训是 2010 年和 2020 年儿童流动的两大主要原因。2020 年，随迁投靠是儿童流动的主要原因，其次是学习培训。因学习培训而流动的儿童从 1 185 万人增加到 2 941 万人，在 2010—2020 年间比例从 27.74％升至 31.14％，随迁投靠占比却从 53.30％降到了 40.18％。随迁投靠占比随年龄的增长而逐渐下降，而学习培训是高中阶段儿童的主要流动原因。

第五章

随迁子女教育概况

在流动儿童规模庞大、增长迅速以及越来越多的儿童因学习培训而发生流动的背景下,对外来务工人员随迁子女教育问题进行研究很有必要。随迁子女的教育是一个复杂而多维的问题,受到多种因素的影响,包括户籍政策、教育资源分配、地区经济发展水平等。本章结合官方网站数据、流动儿童研究报告、中国教育追踪调查(China Education Panel Survey,CEPS)数据,以及笔者团队在 2020 年对上海市闵行区教育局的专访,对随迁子女的教育情况进行探讨。

一、各教育阶段概况

(一) 随迁子女学前教育

随着人口流动模式逐渐从个体迁移转变为家庭迁移,越来越多的流动家庭父母将孩子带在身边,在流入地接受学前教育[12]。2020 年,0～5 周岁的流动儿童规模约为 1955 万人,占全国同年龄段儿童总数的 20.70％。其中,学前教育阶段(3～5 周岁)和幼儿阶段(0～2 周岁)流动儿童规模分别为 1147 万人和 808 万人,比 2010 年的 512 万人和 386 万人分别增长了1.24 倍和 1.09 倍。

据《流动儿童蓝皮书:中国流动儿童教育发展报告 2021—2022》(以下简称《蓝皮书 2021》),学前流动儿童的早期发展和教育主要面临两方面的问题,一是学前教育不属于义务教育范畴,幼儿园异地入学政策体系相对不健全;二是学前教育阶段儿童正处于生理和心理发展的关键时期,家庭的陪伴和养育尤为重要[13]。

据《在一起！中国流动人口子女发展报告 2021》[14]（以下简称《在一起2021》），在学前教育阶段,70%的农民工随迁子女在民办幼儿园就读,这意味着他们获得的教育质量可能无法与公办幼儿园相匹配,且需支付较高的教育费用。同时,《在一起 2021》还指出,学前教育阶段只有不到 1/3 的流动人口子女可以和父母在一起生活。这对学前教育阶段随迁子女的兄弟姐妹团聚、人格培养、性格爱好、起居照顾等有很大影响。

学前教育阶段的流动儿童不仅在政策体系和入学机会上面临挑战,在家庭养育方面也受到影响,这会影响他们的早期认知和教育发展。《蓝皮书 2021》研究了广东省 9 个地市的学前儿童早期教育状况,发现流动儿童的家庭社会经济地位、家庭养育环境质量、学前教育质量都远低于本地儿童。此差距导致流动儿童的认知能力和社会情感能力都显著低于本地儿童,严重影响流动儿童的早期发展表现。

（二）随迁子女义务教育

根据教育部发布的《全国教育事业发展统计公报》,2020 年,进城务工人员随迁子女在校生为 1 429.74 万人（见表 5-1）,比 2015 年增长了 62.64 万人。随着城镇化进程的加快,进城务工人员随迁子女的数量持续增长,对学校教育的需求也在增加。数据显示,2022 年,随迁子女在校生数量为 1 364.69 万人,占义务教育阶段全部在校生（15 852.65 万人）总数的 8.61%。

表 5-1　义务教育阶段在校生数量　　　　　　单位:万人

年份	进城务工人员随迁子女在校生			全部在校生		
	在校生总数	小学阶段	初中阶段	在校生总数	小学阶段	初中阶段
2010	1 167.18	864.30	302.88	9 940.70	4 661.37	5 279.33
2011	1 260.97	932.74	328.23	14 993.17	9 926.37	5 066.80
2012	1 393.87	1 035.54	358.33	14 458.96	9 695.90	4 763.06
2013	1 277.16	930.85	346.31	13 800.67	9 360.55	4 440.12
2014	1 294.73	955.59	339.14	13 835.70	9 451.07	4 384.63

(续表)

年份	进城务工人员随迁子女在校生			全部在校生		
	在校生总数	小学阶段	初中阶段	在校生总数	小学阶段	初中阶段
2015	1 367.10	1 013.56	353.54	14 004.13	9 692.18	4 311.95
2016	1 394.77	1 036.71	358.06	14 242.38	9 913.01	4 329.37
2017	1 406.63	1 042.18	364.45	14 535.76	10 093.70	4 442.06
2018	1 424.04	1 048.39	375.65	14 991.84	10 339.25	4 652.59
2019	1 426.96	1 042.03	384.93	15 388.38	10 561.24	4 827.14
2020	1 429.74	1 034.86	394.88	15 639.44	10 725.35	4 914.09
2021	1 372.41	984.11	388.30	15 798.37	10 779.93	5 018.44
2022	1 364.69	969.86	394.83	15 852.65	10 732.05	5 120.60

资料来源:根据教育部 2010—2022 年《全国教育事业发展统计公报》数据整理。

2020 年,85.8%的进城务工人员随迁子女在公办学校就读或者享受政府购买学位服务,这一比例与整个义务教育阶段学生在公办学校就读的比例(89.2%)大体相当[15]。2022 年,义务教育阶段进城务工人员随迁子女在公办学校和政府购买学位就读比例达 95.2%[16]。2023 年,各地政府通过新建、改扩建新增公办学位 489.2 万个,有力保障一年级新生入学,进城务工人员子女就读公办学校(含政府购买学位)的比例同样超过 95%[17],显示了政策在保障随迁子女教育权利方面的积极作用。

然而,义务教育阶段随迁子女公办学校入学率仍然是一个值得关注的问题。据《蓝皮书 2021》,2020 年各省市随迁子女入读公办学校的比例差距较大。总体上,中部地区随迁子女入读公办学校比例最高,达到91.07%,其次是西部,占 88.74%。随迁子女占比(57.42%)最多的东部地区入读公办学校比例最低,为 72.78%。随迁子女入读公办学校比例低于80%的城市有北京(78.31%)、浙江(73.30%)和广东(49.88%)。广东省义务教育阶段随迁子女人数为 328.73 万人,然而入读公办学校的随迁子女不超过 50%,也就是说超过 150 万的随迁子女不得不就读于民办或其他学校。在广州、深圳、东莞等地,义务教育阶段的随迁子女主要通过积分入读公办学校,然而申请人数与学位名额之间的差距导致了激烈的入学竞争,积分线因此水涨船高。同时,部分民办学校也提高了门槛,如需提供住房证明等,学费也相应上调,因此,部分家庭不得不将孩子送回户籍地就读。

教育部强调了进一步降低入学门槛的重要性[18],提出重点推进特大城市和人口流入重点地区进一步完善入学政策,确保符合条件的随迁子女能够应入尽入。笔者团队于 2020 年对上海市闵行区教育局工作人员进行了访问。据上海市闵行区教育局外来务工人员子女教育管理专员介绍,上海市外来务工人员子女义务教育阶段的招生根据市教委《本市义务教育阶段学校招生入学工作的实施意见》实施,按照外来务工人员子女学校的分布情况,各区灵活制定招生政策。例如,对于有外来务工人员子女学校的区域,可根据外来务工人员的居住地统筹分配其子女入学;对于无外来务工人员子女学校的区域,则将外来务工人员子女分配至该区有生源空缺的学校。此外,上海主要侧重于促进教育公平及优质教育资源的均衡分布,高端民办学校采取摇号入学的方式招生。进入公办初中和高中就读的非户籍学生数量将进一步增加,对高端教育的需求也逐渐增大。相关政策的公示力度也将进一步加大,信息不对称、获取信息渠道单一等问题将不断得到改善。

尽管有政策支持,随迁子女在入学过程中仍面临一些挑战。由于城市教育资源有限,随迁子女在入学机会上仍然受到限制。在一些教育资源供需紧张的地区,随迁子女因为户籍限制和居住证问题难以在流入地同等接受教育。长三角地区是中国流动人口最活跃的地区之一,随迁子女入学及升学的门槛依然存在,随迁子女的教育问题较为凸显[19]。在超大、特大城市,随迁子女在义务教育入学阶段的入学顺位相对落后于本地户籍和有房产的家庭。此外,我国随迁子女的教育问题已逐渐从"有学上"转变为"上好学"。随着随迁子女人数的增加,一些地区可能面临学位资源紧张的问题,导致随迁子女难以就近入学,从而不得不被统筹分配到其他地区的学校或就读民办学校。在师资力量、教学设施等方面,随迁子女可能无法享受到与当地户籍学生同等质量的教育资源。

（三）义务教育后阶段

高中阶段教育是随迁子女教育路径中的关键转折点。在高中教育和高等教育阶段，随迁子女的入学问题仍然相对突出。许多随迁子女在完成义务教育后，由于户籍限制和教育资源的不均衡分配，难以在流入地中考、继续接受高中教育或参加高考。这不仅影响了他们的教育连续性，也限制了他们的发展机会。在入学和升学过程中遭遇的制度性限制，最终以学业失败的形式将他们导向阶层再生产[20]。严格的异地升学政策使他们看到了学校教育的"天花板"，促使他们放弃了升学的努力，不再重视学习成绩。

中高考政策对随迁子女的升学选择有重大影响。2021年，国务院常务会议提出，要创造条件为随迁子女在流入地参加中考提供更多机会，逐步将外来常住人口纳入流入地中等职业教育、高中教育、普惠性学前教育保障范围[21]。这表明政策层面正在努力解决随迁子女的升学问题，但仍需进一步改进实施。教育公平是随迁子女升学过程中的核心挑战。陆铭指出[22]，解决随迁子女的教育问题有利于中国经济的健康和可持续发展，强调了教育公平对社会整体进步的重要性。

值得欣慰的是，2013—2020年，随迁子女初中毕业后，在居住地升入普通高中的比例从2013年的27.77%逐年增长到39.64%，然而仍大幅低于全国初中毕业生升入普通高中的比例[23]。此外，由于政策限制，一些随迁子女无法在流入地参与中考和高中报名，导致他们需要在毕业前返乡或再迁。一些特大城市如广州，加强了落户限制，提高了同城化待遇实现的门槛。北京、天津等城市只对满足条件的非户籍学生开放中职和高职院校招考。因此，随迁子女升学率被高估了，随迁子女升学问题值得进一步关注。

《蓝皮书2021》也对广州市随迁子女的异地中考和升学状况开展了研究，发现随迁子女初中毕业后在广州升学面临两个阶段的限制。一是在报考公办普通高中时需满足一定的资格条件，二是在录取阶段，随迁子女在公办普通高中的录取比例受到政策限制。研究还发现，虽然随着异地中考门槛的降低，近年来随迁子女就读广州公办普通高中的机会有所增加，但升学率仍低于本市户籍儿童。户籍制度和居住证政策对外来务工人员的居住条件、学历、专业技能等方面提出的要求，可能影响其子女在当地参加中考和高考，从而影响他们进入高中和大学的机会。

笔者团队基于 CEPS 2015 的调查数据，通过家长问卷中仅限外区（县）户籍家长回答的题目来筛选外来务工人员及其随迁子女，将无法在当地报考高中和能报考但需满足一定资格条件的子女，定义为随迁子女。共筛选出 2 165 个流动家庭。家长对子女在当地初中毕业后的升学打算如表 5-2 所示。

表 5-2 随迁子女升学打算

开学打算	频数	占比（%）
在本县/区/市读高中	1 172	54.14
回户籍所在县/区/市读高中	238	10.99
到其他地方读高中	212	9.79
在本市读职业高中/中专/技校	374	17.27
直接工作	113	5.22
其他	56	2.59
总计	2 165	100.00

资料来源：CEPS 家长问卷，经整理后获得。

外来务工家庭对子女的升学打算主要涉及：是否升学（读书、工作或其他打算）；在哪里读高中（留在当地地级市、迁移到其他地方还是回户籍地）；就读高中类型（普通类高中还是职业类高中）。

超过 70% 的家庭计划让孩子在初中毕业之后继续读普通高中，17.27% 的家庭计划让孩子就读职业类高中，包括职业高中、中专或技校。这些打算读职高的外来务工家庭可能是缺乏报考当地普通类高中招生考试的资格。例如，上海市相关教育政策规定，父母一方和考生需要持有上海市居住证，并且父母一方居住证积分达到 120 分才可以参加普通高中招生考试。若考生父母没有办理上海居住证积分，仅持有上海居住证，或积分不达标，孩子中考时可能只能报考职业类学校，不能报考普通高中。

尽管有 74.92% 的外来务工家庭打算让孩子就读普通类高中，但是就读高中地点有所差别。只有一半(54.14%)的家庭计划在当地地级市读高中,而分别有 10.99% 和 9.79% 的家庭选择让孩子回户籍所在地或到其他地方就读高中。这种就读地点的差异性可能源于家长期望孩子能接受良好的高中教育的同时,受到了当地升学政策限制或教育资源不均衡分布的影响。

综上所述,随迁子女的入学和升学是一个多方面的问题,既有政策层面的支持,也有实际执行中的困难和挑战。虽然政府已经采取了一系列措施来改善这一状况,但仍需持续的努力和更多的政策支持,以确保随迁子女能够享有平等的教育机会和更好的发展前景。同时,也需要关注随迁子女的心理健康和社会融入,帮助他们更好地适应城市生活,实现自身的全面发展。

二、就读学校现状

根据 CEPS 2015 数据,随迁子女就读学校可分为四类:公立学校、民办公助学校、普通民办学校和民办打工子弟学校。公立学校是由国家或地方政府投资建设和运营的教育机构,通常享有政府的财政支持和补贴,学费较低或免费,并且在教育质量、师资力量、设施设备等方面通常有较高的标准。民办公助学校由民间资本投资,但享受一定程度政府资助或政策支持,如在师资培训和教学资源方面,这类学校有一定的私立特色。普通民办学校完全由私人或社会资本投资建立和运营,不依赖政府财政支持,这类学校的学费通常较高,在教学内容、管理方式方面可能更加灵活和多样化。民办打工子弟学校是专门为进城务工人员的子女提供教育服务的学校,通常由民间组织或个人创办,在资金、师资、设施等方面面临更多挑战,教育质量可能参差不齐。

民办打工子弟学校的存在一定程度上缓解了公立学校的压力,为随迁子女提供了接受教育的机会。由于公办学校容量有限,无法满足所有流动儿童的教育需求,因此出现了由个人或社会力量举办的打工子弟学校。在 2008 年之前,打工子弟学校处于政府默许存在阶段,当时城市公办学校很少对打工子弟开放,这类学校因此发展迅速[24]。2008年,政府对打工子弟学校进行了整顿和规范,国务院提出"流入地为主,公办为主"原则。因此,各地加大了公办学校接收打工子弟的力度,并对未经批准的打工子弟学校进行关停整顿,办学条件好的打工子弟学校转为民办学校,由政府购买义务教育学位。打工子弟学校的发展和改革历程是中国城市化进程中的一个重要现象,它反映了流动人口子女教育需求与城市教育资源供给之间的矛盾和解决途径。随着大城市采取更严格的人口控制政策,随迁子女在城市入学门槛提高,一些打工子弟学校面临困境,办学条件和教育质量参差不齐。

根据CEPS数据,2015年,初中教育阶段本市户籍学生和随迁子女大多数在公立学校就读,其中本市户籍学生在公立学校就读的比例为92.40%,随迁子女为89.77%(见图5-1)。随迁子女入读学校占比较高的是普通民办学校和民办打工子弟学校,选择民办公助学校就读的学生比例较低。

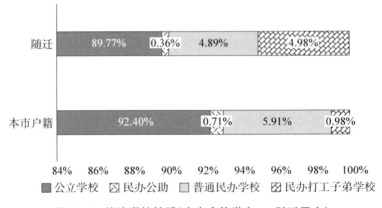

图5-1 就读学校性质(本市户籍学生 vs. 随迁子女)

资料来源:CEPS校长问卷,经计算后获得。

对比本市户籍学生和随迁子女,就读初中类型存在较大差异。本市户籍学生在具有正规办学资质的公立学校和普通民办学校的占比均高于随迁子女。即使是由政府部分资助的民办公助学校,本市户籍学生的就读率也高于随迁子女。而民办打工子弟学校接纳了4.98%的随迁子女,这个比例超过了普通民办和民办公助学校,更是远超本市户籍学生在民办打工子弟学校的就读率。因此,尽管民办打工子弟学校面临诸多挑战,但它们仍然是解决流动儿童教育问题的重要途径之一,尤其是在落户门槛高和人口规模庞大的城市。

在就读学校质量方面,本市户籍学生与随迁子女同样存在巨大差距(见图5-2)。学校排名分为最好、中上、中间、中下、最差五类,由各学校校长给出,反映出各学校在当地的整体质量。本市户籍学生中,超过80%在较好的学校就读,其中最好的学校占28.19%,中上排名的学校占52.68%。在随迁子女就读的学校,只有3/4的学校排名在中上以上,最好的学校只占16.57%,好学校就读率远低于本市户籍学生。随迁子女就读的学校有20.78%和11.23%处于当地的中等和中下水平,随迁子女在这两类学校的就读率几乎是本市户籍学生的两倍。此外,仍有极少数学生不得不就读当地质量最差的学校。由于义务教育阶段实施的是就近入学政策,因此就读于质量较差学校的学生可能是出于非户籍入学资格和入学学位名额的限制。

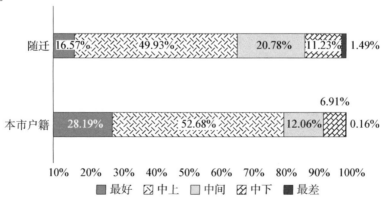

图5-2 就读学校排名(本市户籍学生 vs. 随迁子女)

资料来源:CEPS学校问卷,经计算后获得。

随迁子女和本市户籍学生就读学校的地理区位存在些许差异。无论是随迁子女还是本市户籍学生,他们就读的学校分布在中心城区、边缘城区、城乡接合部、镇区或农村,其中城区学校占主导地位,其次是农村和镇区的学校。随迁子女就读中心城区学校的比例低于本市户籍学生。中心城区的教育资源可能相对集中,但同时面临着较大的入学压力,学位有限,因此可能优先满足本市户籍学生的入学需求。除此之外,随迁家庭可能因为经济条件限制,无法承担中心城区较高的生活成本和可能存在的额外教育费用。随迁子女就读城乡接合部学校的比例为 17.27%(见图 5-3),高于本市户籍学生,基于就近入学政策,城乡接合部及其范围内的学校给予了随迁子女一个良好的居住和接受教育的机会。

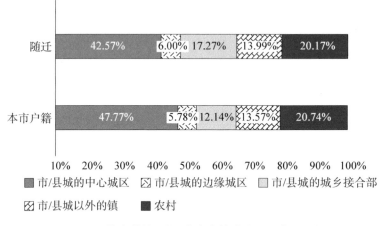

图 5-3 就读学校区位(本市户籍学生 vs. 随迁子女)
资料来源:CEPS 学校问卷,经计算后获得。

三、家庭教育状况

家庭教育是学校教育的重要补充,家庭教育的质量直接影响孩子的全面发展。家庭教育是指在家庭环境中,由家庭成员,尤其是父母或其他监护人对孩子进行的教育和培养。在子女的日常行为习惯方面,绝大多数家长对孩子的作业考试、在校表现、交友、穿着打扮、上网时间和看电视时间都进行了监管(见表 5-3)。除了上网时间以外,家长对其他行为的监管较为宽松。对上网时间的严格监管可能是家长出于对孩子的网络安全、网络成瘾、视力保护、自律能力的考虑。与本市户籍家长相比,随迁子女家长在对子女的各方面监管上参与率较低或较为宽松,尤其是在孩子的作业考试方面。

表 5-3　家长对孩子的日常监管(本市户籍家长 vs. 随迁子女家长) ％

日常行为	本市户籍家长			随迁子女家长		
	不管	不严格	严格	不管	不严格	严格
作业考试	1.91	58.96	39.13	2.59	62.68	34.73
在校表现	5.75	61.45	32.8	7.58	62.15	30.27
交友	9.81	57.45	32.73	13.74	56.27	29.99
穿着打扮	13.56	60.88	25.55	15.09	62.29	22.61
上网时间	3.19	38.09	58.72	5.00	39.94	55.05
看电视时间	5.24	54.92	39.83	7.29	55.41	37.29

资料来源:CEPS 家长问卷,经整理后获得。

　　在亲子沟通和家校联系方面,据 CEPS 数据,本市户籍家长更愿意与孩子和老师沟通子女的各方面发展问题(见表 5-4)。分别有 10％～20％的随迁子女家长几乎从不与孩子讨论学校发生的事情、孩子与朋友的关系、与老师的关系,以及孩子的心事或烦恼。那些参与亲子沟通的随迁子女家庭,对孩子各方面情况的沟通频率也低于本市户籍家长。

表 5-4　家长与孩子的沟通情况(本市户籍家长 vs. 随迁子女家长) ％

沟通内容	本市户籍家长			随迁子女家长		
	从不	偶尔	经常	从不	偶尔	经常
讨论学校发生的事情	8.46	56.64	34.91	12.41	62.25	25.33
讨论孩子与朋友的关系	10.98	56.56	32.46	15.36	58.94	25.7
讨论孩子与老师的关系	10.57	51.73	37.7	14.81	55.14	30.04
讨论孩子的心事或烦恼	13.99	49.69	36.32	19.25	53.59	27.16

资料来源:CEPS 家长问卷,经整理后获得。

　　在子女教育发展方面(见表 5-5),本市户籍家长会更主动地联系老师,而老师会更主动地与随迁子女家长沟通。家校联系的主要内容包括孩子的学习、品行、心理、身体状况和交友行为,孩子的学习和品行是家校联系中最主要的话题,其次是孩子的心理健康问题。

表5-5　家校联系情况(本市户籍家长 vs. 随迁子女家长)　　　%

联系内容	家长主动联系老师		老师主动联系家长	
	本市户籍家长	随迁子女家长	本市户籍家长	随迁子女家长
主动联系	77.15	76.54	73.43	74.62
学习	69.05	64.71	64.12	62.34
品行	33.91	29.33	28.14	26.02
心理	25.33	20.12	21.14	18.39
身体状况	13.00	11.59	11.81	10.67
交友行为	18.05	15.58	13.85	13.29

资料来源:CEPS 家长问卷,经整理后获得。

家庭教育对孩子的身心发展至关重要。在笔者团队调研过程中,上海市闵行区教育管理专员指出,外来务工人员子女的家庭教育存在一些问题,主要是外来务工人员对子女的关注度相对较低,随意性较大,与学校、老师缺乏有效沟通等。

四、本章小结

随着人口流动模式逐渐从个体迁移转变为家庭迁移,越来越多的流动家庭父母将孩子带在身边,在流入地接受学前教育。学前流动儿童的早期发展和教育主要面临两方面的问题,一是学前教育不属于义务教育范畴,幼儿园异地入学政策体系相对不健全;二是学前教育阶段儿童正处于生理和心理发展的关键时期,家庭的陪伴和养育尤为重要。学前教育阶段的流动儿童不仅在政策体系和入学机会方面面临挑战,在家庭养育方面也受到影响,这会影响他们的早期认知和教育发展。随着随迁子女人数的增加,一些地区可能面临学位资源紧张的问题,导致随迁子女难以就近入学,从而不得不被统筹分配到其他地区的学校或就读民办学校。

高中阶段教育是随迁子女教育路径中的关键转折点。许多随迁子女在完成义务教育后,由于户籍限制和教育资源的不均衡分配,难以在流入地中考、继续接受高中教育或参加高考。这不仅影响了他们的教育连续性，也限制了他们的发展机会。据 CEPS 数据，尽管有 74.91％的外来务工家庭打算让孩子就读普通类高中，但是就读高中地点有所差别。只有一半的家庭计划在当地地级市读高中，而分别有 10.99％和 9.79％的家庭选择让孩子回户籍所在地或到其他地方就读高中。

此外，随迁子女入读学校占比较高的是普通民办学校和民办打工子弟学校，选择民办公助学校就读的学生比例较低。在就读学校质量方面，本市户籍学生与随迁子女同样存在巨大差距。随迁子女在好学校的就读率远低于本市户籍学生，随迁子女就读中心城区学校的比例也低于本市户籍学生。

家庭教育是学校教育的重要补充，家庭教育的质量直接影响孩子的全面发展。与本市户籍家长相比，随迁子女家长在对子女的各方面监管上参与率较低或较为宽松，尤其是在孩子的作业考试方面。在亲子沟通和家校联系方面，本市户籍家长更愿意与老师沟通子女的各方面发展问题，本市户籍家长会更主动地联系老师。

第六章

随迁子女学业表现与学校融入状况

前两章对外来务工家庭随迁子女的特点及教育状况进行了分析,本章将介绍随迁子女在流入地学校的学业表现与校园融入状况。学业表现主要包括认知能力与学业成绩。校园融入是指学生在校园生活中与同伴、教师以及其他校园成员建立积极的关系,并在学业、社交和情感上获得归属感和认同感的过程。本章还对户籍人口子女与随迁子女在学业表现与校园融入方面进行了对比。

一、学业表现

根据 CEPS 2015 的调查数据,户籍人口子女与随迁子女在初中二年级的认知能力测试成绩和考试成绩如表 6-1 所示。在认知能力方面,随迁子女认知能力平均得分远低于本市户籍人口子女,两者认知能力标准化得分分别为 0.11 和 0.35。认知能力较低可能影响随迁子女的学业表现和学业成就。随迁子女的语文、数学和英语的平均成绩均低于本市户籍学生,其中,数学和英语的标准化得分差距接近10 分。上海市闵行区教育管理专员表示,上海市户籍人口子女和外来务工人员子女在语文成绩上差距不大,在数学和英语成绩上存在较大差距。

表6-1　认知能力与学业成绩

学校排名	本市户籍学生				随迁子女			
	认知	语文	数学	英语	认知	语文	数学	英语
最好	0.58	85.85	84.11	80.63	0.36	83.59	76.96	75.16
中上	0.31	82.28	75.57	74.55	0.12	78.69	70.11	67.62
中间	0.18	77.40	68.85	65.85	0.06	74.45	65.31	63.35
中下	−0.16	71.37	62.95	54.94	−0.24	65.80	51.61	45.25
最差	−0.17	73.50	59.57	69.14	0.31	72.02	63.15	59.45
标准化得分	0.35	82.07	76.49	74.09	0.11	77.09	68.08	65.36

资料来源：CEPS学生问卷，经计算后获得。

随迁子女的认知能力与学业成绩和学校教育质量有密切联系。本市户籍人口子女和随迁子女在认知能力和各科成绩上的差异在不同教育质量学校中均有体现，在排名靠前的学校中差距相对较小。学校排名越靠前，随迁子女的认知能力和各科学业成绩通常更好。在排名最前和最后的学校之间，随迁子女成绩平均分的差距超过10分。教育成就与学校教育质量紧密相关，随迁子女家庭可能在当地社会经济资源和户籍身份上处于弱势地位，包括父母学历、社会地位、经济条件、语言适应、文化差异、入学条件等因素的负面影响，而就读教育质量欠佳的学校，可能会影响随迁子女的社会流动性，限制他们提高社会经济地位的机会。

二、学校融入状况

与本市户籍学生相比，随迁子女的校园融入程度略低（见表6-2）。大多数随迁子女感知到的班级同学友好程度较高，对学校同学感到亲近，并经常参与学校或班级组织的活动。但与本市户籍学生相比，感知到同伴友好、同学亲近以及参与活动的随迁子女比例均较低。此外，20%左右的随迁子女在学校里感觉到无聊，并且希望能去别的学校就读。随迁子女与本市户籍子女相比不善于交际，与同学或同伴的相处或交流较少。例如，

23.14％的随迁子女倾向于独处，与同学或同伴在一起时，只有68.58％的随迁子女倾向于发表自己的意见，而31.41％的随迁子女则在同伴交流上较少。

表6-2　校园融入情况　　　　　　　　　　　　　　　%

问题	本市户籍学生			随迁子女		
	不同意	比较同意	完全同意	不同意	比较同意	完全同意
班里大多数同学对我很友好	12.06	41.94	46.01	15.92	42.02	42.06
我经常参加学校或班级组织的活动	34.33	35.92	29.75	35.55	35.69	28.77
我对这个学校的人感到亲近	26.68	42.20	31.12	31.15	41.50	27.36
我在这个学校里感到很无聊	81.80	11.83	6.37	77.82	14.29	7.90
我希望能去另外一所学校	84.81	8.56	6.63	82.13	10.69	7.19
我常自己一个人坐着，而不愿与别人在一起	81.26	13.15	5.59	76.86	16.74	6.40
与同学或同伴在一起时，我不常讲话，多数时间听他们说话	71.60	20.82	7.58	68.58	23.07	8.34

资料来源：CEPS学生问卷，经整理后获得。

随迁子女如果在校园中能够建立良好的同伴关系，则更容易获得安全感和归属感，这有助于他们更好地融入校园生活。在交友方面，虽然不存在偏见和歧视，但随迁子女倾向于在随迁子女群体间交友（见表6-3）。当被问及班上的本县（区）同学是否愿意和外县（区）同学成为朋友时，超过90％的学生持积极意见，并且无论随迁子女来源地是农村还是城市，他们的接纳程度没有差异。这表明，学校的教育环境是多样的和包容的，不存在城乡间和户籍身份之间的歧视。

表6-3　交友情况 %

交友情况	本市户籍学生	随迁子女
前五位好朋友中,来自本县(区)的比例(均值)	87.05	69.80
认为班上的本县(区)同学愿意和外县(区)城市来的同学成为朋友	93.53	93.86
认为班上的本县(区)同学愿意和外县(区)农村来的同学成为朋友	95.06	93.45

资料来源:CEPS学生问卷,经整理和计算后获得。

　　当被问及前五位好朋友中本县(区)户籍的比例时,本市户籍学生和随迁子女显示出巨大的差异。本市户籍学生中,好朋友是当地户籍的比例平均达到87.05%。对于随迁子女,他们的好朋友来自当地户籍的比例平均只有69.80%,这一比例远低于本市户籍学生。这一数据差距反映出,本市户籍学生可能更倾向于与同地区的人建立友谊,这可能与他们共同的文化背景、生活习惯和语言有关。随迁子女可能面临更多的社交障碍,如语言差异、文化差异或社会经济地位的差异,这些因素可能影响他们与本地学生的交友机会。此外,随迁子女可能采取不同的适应策略来应对新环境,包括寻找背景相似的朋友,这可能是他们适应新环境的一种方式。

　　随迁子女在流入地的校园融入程度可能因各地区政策和学校制度而异。根据笔者对闵行区教育管理专员的访谈,在上海,沪籍人口子女与外来务工人员子女在校园融入、行为习惯等方面并无明显差异。一方面,上海是外来务工人员聚集的特大城市,融合度和接受度相对较高;另一方面,在民办随迁子女学校就读的学生不存在因特殊身份而发生的校园融入不佳或不良、不平等事件。而有机会进入公办学校的随迁子女家庭教育和经济状况相对较好,家长对子女的要求也较高,鲜少发生该类问题。民办随迁子女学校的管理方式在减少外来务工人员子女与沪籍人口子女差异方面起到了很大的作用,可归纳为以下四点:①民办随迁子女学校的教育目标、教育理念、课程设置、年度计划、安全管理等均参照公办学校,校园安全、教育、德育等全面推进,也与公办学校统一标准;②采取了借助公办学校资源的方式,如返聘退休公办学校校长或公办校长托管民办随迁子女学校;③教学资源配置由公办学校中层干部直接参与;④通过统一培训原入职教师、指导无编制教师、统一招聘后进教师等措施优化师资力量,开展共同教育研讨。

三、本章小结

随着人口流动规模日益增大,随迁子女在流入地的教育问题也面临挑战。从学前教育阶段、义务教育阶段到义务教育后阶段的高中和高等教育,随迁子女教育越来越受到关注。在学前教育阶段,随迁子女主要面临入园政策不完善、入公办机会低和家庭陪伴养育少的问题;在义务教育阶段,随迁子女主要面临入学门槛高、教育资源有限、教育质量不平等的问题;在义务教育后阶段,随迁子女主要面临初中毕业后中考资格和升学抉择等教育问题。

根据 CEPS 数据,结合笔者团队对上海市闵行区教育管理专员的访谈,本章分析了处于义务教育阶段随迁子女在当地的就读学校、家庭教育状况、学业表现及校园融入,并与户籍学生进行比较。在认知能力方面,随迁子女的平均得分远低于本市户籍学生,认知能力较低可能影响学业表现和学业成就。随迁子女的语文、数学和英语的平均成绩均低于本市户籍学生。随迁子女的认知能力与学业成绩和学校教育质量有密切联系,在排名靠前的学校中差距相对较小。学校排名越靠前,随迁子女的认知能力和各科学业成绩通常更高。

与本地学生相比,随迁子女的校园融入程度略低,感知到同伴友好、同学亲近以及参与活动的比例均没有本地学生高。在交友方面,虽然不存在偏见和歧视,但随迁子女倾向于在随迁子女群体间交友。随迁子女可能面临更多的社交障碍,如语言差异、文化差异或社会经济地位的差异,这些因素可能影响他们与本地学生的交友机会。此外,随迁子女可能采取不同的适应策略来应对新环境,包括寻找背景相似的朋友,这可能是他们适应新环境的一种方式。

第三部分

外来务工家庭住房及其对
随迁子女教育的影响

第七章

外来务工家庭住房及其分异

　　教育和住房均属于基本公共服务范畴,是外来务工人员家庭化迁移面临的基本问题。随着社会经济的发展以及新生代观念、生活方式的改变,外来务工群体内部出现了越来越明显的住房分异。城—城流动人口与城—乡流动人口在务工地的住房拥有率也存在差异。在分析外来务工家庭住房与随迁子女教育的关系前,有必要对外来务工家庭的住房分异特点进行讨论。

一、外来务工家庭住房产权及分异

(一) 住房产权

　　租房是外来务工人员最普遍的选择[25]。北京和上海超过一半的外来务工人员是租房者。在深圳、沈阳和重庆,超过 80％的外来务工人员租房居住[26]。然而,低收入外来务工人员租得起的住房通常位于老旧城区或郊区村庄,只有收入相对较高的外来务工人员才能买得起商品房。根据CGSS 数据,2010 年与 2020 年外来务工家庭住房产权情况如表 7-1 所示,外来务工人员现住房为自己或配偶所有的占比 2010 年为 44.7％,2020 年为 41.6％,有些许下降。

表7-1 外来务工家庭住房产权情况

	2010年(N=404)		2020年(N=749)	
	数量(人)	比重(%)	数量(人)	比重(%)
自己所有	100	24.2	195	26.0
配偶所有	83	20.5	117	15.6
子女所有	30	7.4	64	8.5
父母所有	8	2.0	47	6.3
配偶父母所有	13	3.2	32	4.3
子女配偶所有	2	0.5	3	0.4
其他家人/亲戚所有	0	0.0	18	2.4
租/借住家人/亲戚以外的个人或单位所有房	0	0.0	296	39.5
其他情况	3	0.7	48	6.4

资料来源:根据 CGSS 2011、CGSS 2021 数据计算。仅计算有效样本。

2020年,居住在父母或配偶父母所有住房中的外来务工家庭比重有较大幅度上升,从2010年的5.2%上升到了10.6%;居住在子女或子女配偶所有住房中的外来务工家庭比重也有一定程度上升(见图7-1),说明住房的代际支持有所增加。值得关注的是,2020年,租住或借住在其他个人或

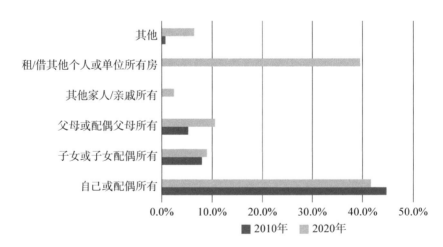

图7-1 外来务工家庭住房产权状况

资料来源:根据 CGSS 2011、CGSS 2021 数据计算。

单位所有住房中的外来务工家庭比重陡然上升了约四成。

(二) 住房产权分异

正如本书第一部分所述,2010—2020 年,外来务工群体发生了较大的变化,内部分异也逐渐显现,体现在教育水平、世代、家庭特点等方面,进而又体现在住房上。接下来从性别、年龄、婚育状况、教育程度、户口类型、家庭收入及在流入地的居住时间等方面探讨外来务工群体住房产权的分异特点(见表 7-2)。

表 7-2　外来务工群体内部住房产权差异　　　　　　　　　　%

		2010 年(N＝414)		2020 年(N＝753)	
		自己/配偶所有	其他人所有	自己/配偶所有	其他人所有
性别	男性	62.4	47.0	45.7	47.3
	女性	37.6	53.0	54.3	52.7
年龄	＜30 岁	15.7	39.1	7.4	32.7
	30~50 岁	24.1	22.8	32.9	22.2
	＞50 岁	60.2	38.1	59.7	45.1
婚姻状况	已婚	95.5	65.8	82.6	65.5
	其他	4.5	34.2	17.4	34.5
生育状况	有子女	91.0	69.0	89.9	69.5
	无子女	9.0	31.0	10.1	30.5
教育程度	小学及以下	18.0	16.7	16.1	15.2
	初中或高中	40.6	52.3	42.4	40.9
	中专	5.3	6.8	4.6	5.1
	技校	0.8	0.0	0.0	0.2
	大专及以上	35.3	24.2	36.9	38.6
户口类型	农村户口	38.3	58.7	43.8	59.0
	非农村户口	61.7	41.3	56.2	41.0

（续表）

| | | 2010 年(N＝414) | | 2020 年(N＝753) | |
		自己/配偶所有	其他人所有	自己/配偶所有	其他人所有
家庭收入	＜1 万元	7.8	9.2	5.4	4.0
	1 万～2 万元	8.6	16.7	1.9	2.4
	2 万～5 万元	38.8	40.8	16.3	12.9
	5 万～10 万元	19.8	25.4	22.9	26.4
	＞10 万元	25.0	7.9	53.5	54.3
流入地居住时间	＜5 年	30.1	49.8	19.7	39.0
	6～10 年	23.3	22.8	12.0	20.8
	11～15 年	18.0	13.5	13.6	14.3
	16～20 年	10.5	4.3	10.5	7.3
	＞20 年	18.1	9.6	44.2	18.6

资料来源：根据 CGSS 2011、CGSS 2021 数据计算。

（1）从不同性别来看，2010 年男性外来务工人员自己拥有或配偶拥有住房产权的占比较大，而 2020 年女性外来务工人员自己拥有或配偶拥有住房产权的占比超过男性，体现了女性外来务工人员经济社会状态的改善。

（2）从不同年龄来看，年龄越大的外来务工人员越可能居住在自己或配偶拥有的住房中。具体来看，2010 年与 2020 年均是大于 50 岁的外来务工人员自己拥有或配偶拥有住房产权的占比较大（2010 年为 60.2％，2020 年为 59.7％），其次是 30～50 岁的外来务工人员（2010 年为 24.1％，2020 年为 32.9％）。值得注意的是，相较于 2010 年，2020 年 30～50 岁的外来务工人员居住在自己或配偶拥有住房的比例有了大幅度的上升，从 24.1％上升到 32.9％；居住在自己或配偶拥有住房中的 30 岁以下外来务工人员比重明显下降，从 15.7％降到 7.4％；大于 50 岁外来务工人员居住在自己或配偶拥有住房的比例也呈一定的下降趋势，而大于 50 岁外来务工人员居住在其他人所有住房中的比例有所上升(见图 7-2)。

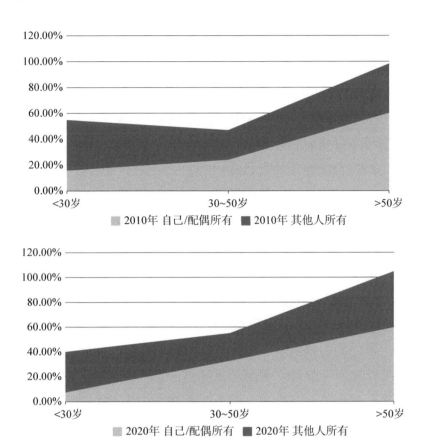

图 7-2 各年龄段外来务工人员住房产权分异

资料来源:根据 CGSS 2011、CGSS 2021 数据计算。

(3)从不同婚育状况来看,已婚外来务工人员自己或配偶拥有住房产权占比较大(2010 年为 95.5%,2020 年为 82.6%);有子女外来务工人员自己或配偶拥有住房产权占比较大(2010 年为 91.0%,2020 年为 89.9%)。值得注意的是,2020 年,未婚或无子女外来务工人员自己或配偶拥有住房产权的比例有一定上升。一方面受房价因素影响,另一方面可能在一定程度反映了外来务工人员对婚育状态与住房产权获得关系看法的变化。

(4)从不同教育程度来看,拥有初中或高中学历的外来务工人员自己或配偶拥有住房产权占比较大（2010年为40.6%，2020年为42.4%），其次是拥有大专及以上学历的外来务工人员（2010年为35.3%，2020年为36.9%），2020年较2010年有上升趋势。2010—2020年，我国外来务工人员的教育水平整体获得较大提升。

（5）从不同户口类型来看，拥有非农村户口的外来务工人员或配偶拥有住房产权的占比较大（2010年为61.7%，2020年为56.2%）。不过该比重在2020年有一定的下降。

（6）从不同家庭收入来看，2010年家庭年总收入为2万～5万元的外来务工家庭拥有住房产权的占比较大（38.8%），而2020年家庭年总收入大于10万元的外来务工家庭拥有住房产权的占比较大（53.5%），越来越体现出家庭收入与住房产权获得之间的正向关系。

（7）从在流入地居住时间来看，2010年在流入地居住时间不满5年的外来务工家庭拥有住房产权的占比较大（30.1%），而2020年在流入地居住时间超过20年的外来务工家庭拥有住房产权的占比较大（44.2%）。如本书第一部分所述，外来务工人员在流入地居留的时间越长，在当地长期居留和定居的意愿也越强。随着居留时间的增长，外来务工家庭更倾向于在当地置业安居。

（三）住房类型

外来务工人员早期在务工地的住房主要包括三种类型：宿舍，包括自建、向其他企业租用和向私人购买；建筑工地；租赁住房[27]。根据笔者2010年在深圳开展的问卷调查，2010年，有44.57%的受访者居住在免费宿舍，24.83%的受访者居住在城中村的出租房，16.41%的受访者居住在出租商品房。私人市场（59%）和雇主提供的住房（38%）是外来务工人员的主要住房选择[28]。低收入外来务工人员租得起的住房通常位于老旧城区、郊区或村庄，只有收入相对较高的外来务工人员才能买得起商品房。雇主提供的住房在外来务工人员住房安置中起到重要作用。单身外来务工人员更有可能居住在雇主提供的住房中。已婚外来务工人员倾向于与配偶分开居住在雇主提供的宿舍中，体现了外来务工人员早期在务工地生活的临时过渡性特征,他们随时准备继续流动。

　　城中村的出租房因价格低廉、地理位置优越而成为外来务工人员常见的住房选择。城中村为外来务工人员适应新的生活方式并搬入城市的正规住房提供了空间和时间。城中村,又称城市化村庄,是 20 世纪 80 年代以来我国快速城市化和大量农村人口向城市迁移的产物。城中村植根于中国的二元土地制度,即城市土地为国有、农村土地为集体所有。在城市扩张的过程中,地方政府通常倾向于只征收耕地,以避免拆迁、安置和补偿所带来的巨额征地成本,因此,城中村应运而生。没有了农业收入,原村民不得不另谋生计。大量外来务工人员涌向经济繁荣的地区,他们对低成本住房的需求变得十分迫切,这促使原村民将多余的房间出租给外来务工人员。

　　关于外来务工人员的住房类型,CGSS 仅提供了 2010 年的数据,2020 年的数据缺失,因此本章仅对 2010 年的情况进行分析(见表 7-3)。2010 年,住在普通商品房小区的外来务工人员的比重最高,为 46.9%,其次是未经改造的老城区(16.9%)和单一或混合的单位社区(13.3%),住在城中村的占比为 8.5%。关于房屋类型,住在普通公寓房/单元楼/工人新村的外来务工人员比重最高,为 47.1%,其次是新建商品房(27.3%)和自建平房/楼房(19.3%)。

表 7-3　2010 年外来务工人员社区类型与房屋类型

社区/房屋类型		2010 年(N=414)	
		总数(人)	占比(%)
社区类型	未经改造的老城区	70	16.9
	单一或混合的单位社区	55	13.3
	保障性住房社区	4	1.0
	普通商品房小区	194	46.9
	别墅区或高级住宅区	5	1.2
	城中村	35	8.5
	农村	41	9.9
	其他	10	2.3

（续表）

社区/房屋类型		2010 年（N＝414）	
		总数（人）	占比（%）
房屋类型	自建平房/楼房	80	19.3
	普通公寓房/单元楼/工人新村	195	47.1
	新建商品房	113	27.3
	别墅	0	0.0
	简易房或棚户房	11	2.7
	非居住房屋改建房	3	0.7
	生产经营和生活两用房	10	2.4
	其他	0	0.0
	拒绝回答/缺失值	2	0.5

资料来源：根据 CGSS 2011 数据计算。

二、外来务工家庭住房面积及分异

住房拥挤是外来务工人员常见的问题[29]，合租现象非常普遍。根据笔者 2010 年在深圳开展的问卷调查，受访的深圳外来务工人员的居住面积明显小于本地居民。受访者的住房面积为人均 15 平方米，约为深圳平均水平的一半。

据 CGSS 数据，2010 年与 2020 年外来务工家庭的住房面积均值分别是 83.3 和 79.5 平方米，平均同住人数分别为 3 人与 2 人，人均住房面积分别为 34.4 和 43.3 平方米（见表 7 - 4）。人均住房面积小于 8 平方米的外来务工家庭占比分别是 6.0% 和 3.9%，这部分外来务工家庭存在住房过度拥挤问题[30]。以上数据表明外来务工家庭在务工地人均住房面积有所增加，同住人数有所减少，居住拥挤的问题得到了一定的改善。

表 7-4　外来务工家庭在务工地的住房面积

住房情况	2010 年(N=414)		2020 年(N=753)	
	总数/均值	占比(%)	总数/均值	占比(%)
住房面积(平方米)	83.3	—	79.5	—
同住人数(人)	3.0	—	2.0	—
人均住房面积(平方米)	34.4	—	43.3	—
人均住房面积<8 平方米	25.0	6.0	29.0	3.9

资料来源:根据 CGSS 2011、CGSS 2021 数据计算。

接下来从性别、年龄、婚育状况、教育程度、户口类型、家庭收入及在流入地的居住时间等方面探讨外来务工群体住房面积的分异特点(见表 7-5)。

表 7-5　外来务工群体内部人均住房面积差异　　　　单位:平方米

不同人群		2010 年(N=414)	2020 年(N=753)
		平均值	平均值
性别	男性	34.4	44.9
	女性	34.5	41.8
年龄	<30 岁	31.7	49.9
	30~50 岁	29.0	37.5
	>50 岁	39.0	43.2
婚姻状况	已婚	33.2	40.2
	其他	38.4	51.1
生育状况	有子女	34.7	40.1
	无子女	33.5	53.8
教育程度	小学及以下	39.0	38.1
	初中或高中	29.6	40.3
	中专	35.1	38.2
	技校	24.0	30.0
	大专及以上	39.6	49.2

(续表)

不同人群		2010 年(N=414)	2020 年(N=753)
		平均值	平均值
户口类型	农村户口	30.8	39.7
	非农村户口	38.3	47.2
家庭收入	<1 万元	36.1	52.3
	1 万~2 万元	35.1	39.4
	2 万~5 万元	31.6	38.5
	5 万~10 万元	32.3	40.4
	>10 万元	37.6	45.4
流入地居住时间	<5 年	33.3	47.1
	6~10 年	34.7	39.1
	11~15 年	32.1	35.1
	16~20 年	34.3	36.6
	>20 年	41.0	47.9

资料来源:根据 CGSS 2011、CGSS 2021 数据计算。

(1) 从不同性别来看,男性与女性外来务工人员的人均住房面积差异并不显著。2020 年,男性和女性外来务工人员的人均住房面积均有很大提升,从 2010 年的 34.4 平方米(男性)和 34.5 平方米(女性)增加到 2020 年的 44.9 平方米(男性)和 41.8 平方米(女性)。

(2) 从不同年龄组别来看,2010 年,50 岁以上外来务工人员的人均住房面积最大,比 30~50 岁外来务工人员的人均住房面积高出 10 平方米。有意思的是,2020 年,小于 30 岁的外来务工人员的人均住房面积出现了大幅增加,由 2010 年的人均 31.7 平方米增加到 2020 年的人均 49.9 平方米,比 30~50 岁外来务工人员的住房面积多出 12.4 平方米。这一方面与新生代外来务工人员的生活方式、消费观念的转变有关,另一方面可能与近些年来公共住房政策(如公共租赁住房、人才住房)逐步覆盖非户籍人口有关。此外,也可能受代际支持的影响。

（3）从不同婚育状况来看，2010 年，不同婚育状况外来务工人员的人均住房面积相差不大。然而，2020 年已婚外来务工人员的人均住房面积比其他婚姻状况的外来务工人员多出 10.9 平方米，无子女外来务工人员的人均住房面积比有子女外来务工人员多出 13.7 平方米。

（4）从不同教育程度来看，2010 年和 2020 年，都是大专及以上学历外来务工人员的人均住房面积最大。具体来说，2010 年拥有大专及以上学历的外来务工人员的人均住房面积比拥有技校学历的外来务工人员的人均住房面积多 15.6 平方米，比拥有初中或高中学历的外来务工人员多出 10 平方米。2020 年拥有大专及以上学历的外来务工人员的人均住房面积比拥有技校学历的外来务工人员多出 19.2 平方米，比拥有中专学历的外来务工人员多出 11 平方米。

（5）从不同户口类型来看，2010 年和 2020 年，非农户口外来务工人员的人均住房面积更大。拥有非农户口的外来务工人员的人均住房面积比拥有农村户口的外来务工人员多出 7.5 平方米。

（6）从不同家庭收入水平来看，2010 年不同家庭收入的外来务工人员的人均住房面积差异不大。然而，2020 年家庭总收入少于 1 万元的外来务工人员的人均住房面积比家庭总收入为 1 万～2 万元的人多出 12.9 平方米，可能受到同住人数的影响。

（7）从在流入地居住时间来看，总体来说，在流入地居住时间越久，外来务工人员的人均住房面积越大。2010 年，在流入地居住 20 年以上的外来务工人员的人均住房面积比居住 11～15 年的人多出 8.9 平方米，2020 年这一差值为 12.8 平方米。

整体来看，2010—2020 年，外来务工群体内部的人均住房面积差异变大，尤其是教育程度不同的人。

三、外来务工家庭住房成本及分异

（一）住房支出及分异

居住在不同类型住房中的外来务工家庭的住房支出也存在分异。有学者发现,居住在深圳城中村的流动人口平均将家庭总收入的24%用于支付房租,其中近25%的人将收入的30%以上用于住房消费[31]。外来务工人员的住房负担日益严重,尤其是在北京、上海、广州、深圳等一线城市。没有当地社会保险的外来务工人员可能要承担较高的非住房成本,如因事故或疾病导致的医疗费用,从而使他们的住房消费能力进一步降低。根据笔者2010年在深圳开展的问卷调查,受访的深圳外来务工人员的住房成本高于深圳平均水平,受访者每月住房支出占家庭总收入的15%。

衡量住房负担能力的典型标准是"总收入的30%"[32],如果住房支出超过收入的30%,家庭就会面临住房压力。如果采用"30/40"规则,即收入分布最底层40%的家庭在住房上的支出超过其收入的30%,那么他们将无法负担住房成本。研究住房成本是否负担得起,要考虑三个方面,即居民、住房标准和负担得起的时间。高收入的外来务工人员可以选择购买商品房居住,低收入外来务工人员则不得不花费较高比例的收入租住条件较差的住房。考虑到住房可负担性的相对特征(相对于住房标准和收入),外来务工人员可能会为了获得可负担得起的住房而牺牲生活品质。根据CGSS数据,2010年租房的外来务工人员月租金支出均值为959元,拥有住房产权的外来务工人员月住房还贷均值为1012元,这两类外来务工人员的月住房支出收入比均值为0.297。根据"总收入的30%"标准来评估,约12.8%的外来务工人员面临住房压力。

(二) 流入地房价水平及地区分异

根据国家统计局发布的《中国房地产统计年鉴》,2010年与2020年各地区外来务工家庭流入地住宅类商品房平均销售价格如表7-6所示。2010年与2020年房价较高的地区是北京、上海、浙江和天津。十年间,房价增长率排名前十的地区是青海(182.1%)、陕西(162.4%)、湖北(160.7%)、上海(157.1%)、江西(155.5%)、北京(148.9%)、河北(139.7%)、江苏(132.7%)、河南(129.3%)和内蒙古(123.1%)。除安徽、浙江、广西、贵州这四个地区的住房均价增长率低于100%外,其他地区的住房均价增长率均高于100%。

表 7－6　外来务工家庭流入地住房平均销售价格

单位:元/平方米

省/自治区/直辖市	2010 年(N=414)	2020 年(N=753)	增长率(%)
安徽省	3 899	7 775	99.4
北京市	17 151	42 684	148.9
福建省	6 077	12 175	100.3
甘肃省	2 938	6 467	120.1
广东省	7 004	15 335	118.9
广西壮族自治区	3 382	6 331	87.2
贵州省	3 142	5 600	78.2
河北省	3 442	8 251	139.7
河南省	2 856	6 549	129.3
黑龙江省	3 492	7 009	100.7
湖北省	3 506	9 140	160.7
湖南省	3 014	6 141	103.7
吉林省	3 495	7 488	114.2
江苏省	5 592	13 011	132.7
江西省	2 959	7 560	155.5
辽宁省	4 303	9 034	109.9
内蒙古自治区	2 983	6 654	123.1
宁夏回族自治区	3 107	6 444	107.4
青海省	2 894	8 164	182.1
山东省	3 809	8 492	122.9
山西省	3 338	6 877	106.0
陕西省	3 668	9 624	162.4
上海市	14 290	36 741	157.1
四川省	3 985	8 041	101.8
天津市	7 940	16 391	106.4
浙江省	9 332	17 645	89.1
重庆市	4 040	8 917	120.7

资料来源:《中国房地产统计年鉴 2011》[33]与《中国房地产统计年鉴 2021》[34]中"各地区按用途分的房地产开发企业商品房平均销售价格"下住宅类商品房平均销售价格。表格中仅涵盖基于 CGSS 2011 与 CGSS 2021 数据获得的外来务工家庭流入地城市相关数据。

四、外来务工家庭住房设施及分异

据笔者于 2010 年在深圳开展的调查，深圳外来务工人员的住房设施相对不足，分别有 32.2% 和 22% 的受访者与他人共用厨房和厕所，将近 50% 的受访者住房所在大楼或社区正门没有保安。住房附近有学校和医院等基础设施以及餐饮和娱乐设施，可以为外来务工人员的日常生活带来便利。在受访者中，6.9% 的人其住房没有独立厨房、盥洗室、安保服务或物业管理服务。据 CGSS 数据，2010 年大多数外来务工人员的住房有室内自来水、厕所、厨房和热水器（见表 7-7）。

表 7-7　2010 年外来务工人员的住房设施

住房设施	2010 年（N＝414）	
	总数（人）	占比（%）
室内自来水（有）	378	91.3
室内厕所（有）	348	84.1
室内厨房（有）	363	87.7
室内热水器（有）	274	66.2

资料来源：CGSS 2011。

2010 年各地区外来务工人员的住房设施情况如表 7-8 所示。陕西省、甘肃省、重庆市、安徽省、青海省、黑龙江省和山东省外来务工人员拥有的住房设施相对较差，室内自来水、厕所、热水器的拥有率较低。

表 7-8　各地区外来务工人员的住房设施（2010 年）　　　　%

省/自治区/直辖市	室内自来水（有）	室内厕所（有）	室内厨房（有）	室内热水器（有）
安徽省	50.0	66.7	100.0	50.0
北京市	88.1	74.3	74.3	79.2
福建省	100.0	100.0	100.0	100.0
甘肃省	50.0	33.3	66.7	33.3
广东省	100.0	92.0	96.0	84.0

(续表)

省/自治区/直辖市	室内自来水（有）	室内厕所（有）	室内厨房（有）	室内热水器（有）
广西壮族自治区	100.0	60.0	60.0	20.0
贵州省	100.0	85.7	92.9	50.0
河北省	100.0	100.0	100.0	76.9
河南省	88.9	100.0	100.0	55.6
黑龙江省	75.0	50.0	87.5	0.0
湖北省	100.0	77.8	100.0	44.4
湖南省	100.0	100.0	100.0	100.0
吉林省	88.9	83.3	91.7	36.1
江苏省	100.0	88.9	88.9	88.9
江西省	93.8	87.5	87.5	75.0
辽宁省	94.3	97.1	94.3	62.9
青海省	85.0	75.0	90.0	55.0
山东省	95.7	91.3	73.9	34.8
山西省	100.0	85.7	85.7	71.4
陕西省	66.7	66.7	66.7	33.3
上海市	100.0	100.0	100.0	100.0
四川省	81.8	100.0	100.0	90.9
天津市	100.0	100.0	100.0	100.0
浙江省	100.0	100.0	100.0	100.0
重庆市	66.7	66.7	100.0	33.3

资料来源:CGSS 2011。部分地区无样本。

2020 年,外来务工人员住房周围一公里(步行约 15 分钟)范围内设施情况如表 7 - 9 所示。总体而言,外来务工人员的住房在以下设施方面有待改进:①公共设施(如社区中心、图书馆、公园等),有 27% 的人不认为居住的地方有足够的公共设施;②体育锻炼环境友好性,约 15.4% 的人不认为居住的地方适合进行体育锻炼,如慢跑、步行;③日常购物便利性,约 9.1% 的人不认为居住的地方有很多新鲜的蔬菜和水果可供选择。

表 7-9 外来务工人员住房周边设施(2020 年)

住房周边设施	认可程度	占比(%)
我居住的地方适合进行体育锻炼,如慢跑、步行	完全同意	20.7
	同意	55.2
	既不同意也不反对	8.7
	不同意	12.9
	完全不同意	2.5
我居住的地方有很多新鲜的蔬菜和水果可供选择	完全同意	23.7
	同意	62.2
	既不同意也不反对	5.0
	不同意	8.3
	完全不同意	0.8
我居住的地方有足够的公共设施(如社区中心、图书馆、公园等)	完全同意	14.5
	同意	46.5
	既不同意也不反对	12.0
	不同意	22.4
	完全不同意	4.6
我居住的地方很安全	完全同意	21.2
	同意	63.1
	既不同意也不反对	12.0
	不同意	3.7
	完全不同意	0.0
邻里之间互相关心	完全同意	13.7
	同意	48.1
	既不同意也不反对	26.1
	不同意	11.2
	完全不同意	0.8
在我有需要的时候,邻居愿意帮助我	完全同意	15.8
	同意	53.9

(续表)

住房周边设施	认可程度	占比(%)
	既不同意也不反对	24.1
	不同意	5.8
	完全不同意	0.4

资料来源:CGSS 2021。

外来务工人员的住房在以下社区环境方面有待改进(见表 7 - 10):
①噪声污染,33.2%的人认为社区的噪声污染比较严重或非常严重;②空气污染,21.6%的人认为社区的空气污染比较严重或非常严重;③水污染,20.8%的人认为社区的水污染比较严重或非常严重。

表 7 - 10 外来务工人员住房社区环境(2020 年)

住房社区环境		占比(%)
空气污染	非常严重	2.1
	比较严重	19.5
	不太严重	61.0
	一点也不严重	17.4
水污染	非常严重	2.1
	比较严重	18.7
	不太严重	56.4
	一点也不严重	22.8
噪声污染	非常严重	7.1
	比较严重	26.1
	不太严重	50.6
	一点也不严重	16.2
光照不足	非常严重	0.8
	比较严重	12.4
	不太严重	46.9
	一点也不严重	39.8

资料来源:CGSS 2021。

五、外来务工家庭住房分异影响因素

外来务工家庭在进行住房选择时，通常会考虑以下要素：①住房特征，如面积、房龄、住房产权、区位、物业服务和邻里关系；②经济环境和住房市场状况，如收入前景、抵押贷款和通货膨胀率、住房价格（租金或房价）以及增量住房；③政府出台的政策，包括住房补贴、房地产税收政策和房地产市场准入规则；④生命周期因素，如教育获得、收入变化、年龄、婚姻状况、有无子女、住房所有权变化和迁移历史。

在我国，户口等制度性因素很大程度影响了外来务工人员的住房选择[35]。户口制度中的本地和非本地划分是影响住房所有权的最重要因素。本地居民和外来务工人员更有可能购房，城市和农村的新移民更有可能住在集体和私人出租房中。在外来务工人员中，年龄、受教育程度、收入、居留时间、户口类型以及居留意向等因素与住房所有权正相关。此外，住房选择因城市而异。

家庭策略、个人迁移特征也对外来务工人员的住房选择产生重大影响。例如，与传统因素（如收入和生命周期）相比，有关太原的研究发现，太原外来务工人员的住房选择更多受到转型期经济环境和外来务工人员个人迁移特征的影响[36]。与住房质量相比，外来务工人员倾向于优先考虑便利性和成本节约。他们准备应对未来的不确定性，并倾向于将很少的收入用于改善住房条件，表现出强烈的储蓄倾向，导致住房选择有限。

（一）数据分析（2010 年）

基于 2010 年在深圳开展的问卷调查，笔者研究了 2010 年深圳外来务工人员住房选择的影响因素[37]，考虑了以下几组变量：①人口特征（包括行业、教育、收入、配偶收入、年龄、婚姻状况和是否有子女，以及任何两个变量之间的交互作用）；②流动特征（包括与流动有关的特征，即流动史、在深圳居留时间、在深圳的家庭成员、回乡计划、到其他城市工作的计划、户口类型和在家乡的住房情况，以及任何两个变量之间的交互作用）；③对当地的认知和期望（包括住房信息的主要来源、当地亲戚或朋友、找到更好住所的可能性以及它们之间的相互影响);④住房偏好(包括安全条件、住房成本、交通便利性、使用面积、社区环境、与工作场所的距离、基础设施、物业管理、邻里关系、布局、外观以及与亲友的远近程度)。

首先,随着外来务工人员年龄的增长,他们更有可能住在商品房中,其次是城中村和宿舍。受过高等教育的外来务工人员更有可能居住在商品房中。受教育程度每提高一级,如从初中到高中,外来务工人员居住在商品房的概率增加 1.32 倍。收入较高的外来务工人员更有可能居住在商品住房和城中村。此外,建筑业的外来务工人员最有可能住在宿舍,而不是城中村。制造业的外来务工人员最有可能生活在城中村,而运输、仓储、邮政、批发和零售行业的外来务工人员最有可能住在商品房中。

其次,户口类型、返乡计划以及流动历史与在深圳的家庭成员之间的交互变量对外来务工人员居住在商品房的决定有显著的影响。城市户口外来务工人员居住在商品房的可能性是农村户口外来务工人员的 2.12倍。返乡计划显著影响外来务工人员的住房选择,无返乡计划(或不确定返乡)的外来务工人员居住商品房的可能性是有返乡计划的外来务工人员的 2.09 倍。在深圳的家庭成员越多,外来务工人员越不可能住在宿舍。在家乡拥有住房的外来务工人员比那些在家乡没有住房的外来务工人员居住在宿舍的概率要高 4.17 倍。

最后,从房地产中介那里获得住房信息的外来务工人员更有可能住在商品房中;从亲戚、朋友或广告海报那里获得住房信息的人则更有可能住在城中村;而那些住房信息来源是工作场所的人更有可能住在宿舍。与没有亲戚或朋友的外来务工人员相比,在深圳有亲戚或朋友的外来务工人员居住在商品房的可能性是居住在城中村的可能性的 14.29 倍。

(二) 数据分析(2020 年)

基于 CGSS 2021 数据,探究 2020 年外来务工家庭拥有住房产权的影响因素,考虑以下几组变量:①人口社会经济特征(包括工作状况、本人受教育程度、配偶受教育程度、家庭收入、配偶收入、年龄、婚育状况、户口类型);②流动特征(包括本地居住时间、伴侣是否随迁、本地同住人数);③家乡所在地类别;④流入地的房价。采用二元逻辑回归模型开展分析,模型回归结果如表7-11所示。

表7-11 外来务工家庭住房产权影响因素

特征	影响因素	B	p	OR
人口社会经济特征	目前是否工作(是=1)	0.069	0.752	1.072
	本人教育程度(参考组:没有受过任何教育/私塾、扫盲班/小学)			
	初中	0.215	0.449	1.240
	职业高中/普通高中	0.133	0.730	1.142
	中专/技校/大学专科	0.001	0.998	1.001
	大学本科	−0.051	0.906	0.950
	研究生及以上	0.664	0.353	1.943
	配偶教育程度(参考组:没有受过任何教育/私塾、扫盲班/小学)			
	初中	−0.148	0.632	0.862
	职业高中/普通高中	0.100	0.788	1.105
	中专/技校/大学专科	0.602	0.130	1.825
	大学本科	0.937**	0.040	2.553
	研究生及以上	2.118***	0.004	8.313
	家庭收入(参照组:小于1万元)			
	1万~2万元	−0.526	0.452	0.591
	2万~5万元	−0.165	0.717	0.848
	5万~10万元	−0.455	0.306	0.634
	>10万元	−0.086	0.843	0.918
	配偶是否有收入(是=1)	0.050	0.834	1.051
	年龄(参照组:≤30岁)			
	31~40岁	1.450***	0.000	4.261
	>40岁	0.690	0.232	1.993
	年龄平方	0.307	0.378	1.359
	婚姻状况(已婚=1)	−0.517	0.204	0.596

(续表)

特征	影响因素	B	p	OR
	是否有子女(是＝1)	0.568	0.159	1.765
	户口类型(农村户口＝1)	−0.218	0.368	0.804
流动特征	本地居住时间(参照组:小于5年)			
	6～10年	−0.016	0.957	0.984
	11～15年	0.173	0.567	1.189
	16～20年	0.884***	0.012	2.420
	＞20年	1.314***	0.000	3.722
	伴侣随迁	0.656**	0.040	1.927
	子女随迁	0.152	0.604	1.164
	本地同住人数(参考组:少于3人)			
	3～5人	0.300	0.290	1.350
	≥6人	−0.662	0.379	0.516
流出地特征	家乡所在地类别(参考组:农村)			
	乡镇	−0.348	0.371	0.706
	县城	0.496	0.192	1.643
	城郊	−0.119	0.894	0.888
	城市市区	0.618**	0.034	1.855
	境外	−1.716	0.184	0.180
流入地特征	流入地所在省份房价(ln)	−0.598***	0.000	0.550
Chi-Square		196.630***		
Hosmer and Lemeshow test (p value)		0.226		
Cox & Snell R^2		0.230		
Nagelkerke R^2		0.318		

注:＊表示在90%置信水平显著,＊＊表示在95%置信水平显著,＊＊＊表示在99%置信水平显著。

在人口社会经济特征中,配偶受过大学本科及以上教育的外来务工人员更可能在流入地获得住房产权。与 30 岁及以下的外来务工人员相比，31～40 岁外来务工人员拥有住房产权的概率增加 4.261 倍。已婚外来务工家庭拥有住房产权的可能性较低，而有子女的外来务工家庭更可能拥有住房产权。

在流动特征中，本地居住时间以及伴侣随迁显著影响外来务工家庭在流入地的住房产权。相比在流入地居住不满 5 年的外来务工家庭，在流入地居住 16～20 年的外来务工家庭拥有住房产权的可能性增加 2.42 倍，在流入地居住超过 20 年的外来务工家庭拥有住房产权的可能性增加 3.72 倍。此外，相比伴侣不随迁的外来务工人员，伴侣随迁的外来务工人员在当地拥有住房产权的可能性增加 1.927 倍。

在城市层面，家乡所在地类别也显著影响外来务工家庭在流入地的住房产权。与来自农村的外来务工家庭相比，老家是城市市区的外来务工家庭拥有住房产权的可能性增加 1.855 倍。虽然不显著，但与来自农村的外来务工家庭相比，老家是县城的外来务工家庭更可能在流入地拥有住房产权。此外，流入地房价也显著影响外来务工家庭在流入地的住房产权。流入地房价越高，外来务工家庭越不可能拥有住房产权。

模型自变量的共线性检验结果如表 7-12 所示，所有自变量均通过共线性检验（容忍度大于 0.1 或方差膨胀因子小于 10）。

表 7-12　共线性检验结果

特征	影响因素	容忍度	方差膨胀因子
人口社会经济特征	目前是否工作	0.692	1.445
	本人教育程度	0.400	2.502
	配偶教育程度	0.533	1.876
	家庭收入	0.819	1.221
	配偶是否有收入	0.564	1.773
	年龄	0.154	6.494
	年龄平方	0.132	7.566

（续表）

特征	影响因素	容忍度	方差膨胀因子
	婚姻状况	0.305	3.276
	是否有子女	0.304	3.285
	户口类型	0.529	1.889
流动特征	本地居住时间	0.742	1.348
	伴侣随迁	0.397	2.519
	子女随迁	0.417	2.399
	本地同住人数	0.473	2.114
流出地特征	家乡所在地类别	0.624	1.604
流入地特征	流入地省份房价	0.868	1.153

六、本章小结

2010—2020 年，外来务工群体发生了较大的变化，内部分异也逐渐显现，包括教育水平、世代、家庭特点等，并体现在住房上。从住房产权上看，2010 年的男性外来务工人员拥有或配偶拥有住房产权的占比高于女性，而2020 年的女性外来务工人员拥有或配偶拥有住房产权的占比超过男性。年龄越大的外来务工人员越可能居住在自己或配偶拥有的住房中。已婚外来务工人员自己或配偶拥有住房产权的占比较大；有子女的外来务工人员自己或配偶拥有住房产权的占比较大。拥有初中或高中学历的外来务工人员自己或配偶拥有住房产权的占比较大，其次是拥有大专及以上学历的外来务工人员。拥有非农村户口的外来务工人员或配偶拥有住房产权的占比较大。从不同家庭收入来看，越来越体现出家庭收入与住房产权获得之间的正向关系。

从住房面积来看，外来务工家庭在务工地人均住房面积有所增加，同住人数有所减少，居住拥挤的问题得到了一定的改善。男性与女性外来务工人员的人均住房面积差异不大。2010 年，50 岁以上外来务工人员的人均住房面积最大。有意思的是，2020 年，小于 30 岁的外来务工人员的人均住房面积出现了大幅增加。一方面与新生代外来务工人员生活方式、消费观念的转变有关,另一方面与近些年来公共住房政策逐步覆盖非户籍人口有关,也可能受代际支持的影响。2010年,不同婚育状况外来务工人员的人均住房面积相差不大。2020年已婚外来务工人员的人均住房面积大于其他外来务工人员,无子女外来务工人员的人均住房面积大于有子女的外来务工人员。拥有大专及以上学历外来务工人员的人均住房面积最大。非农村户口外来务工人员的人均住房面积更大。在流入地居住时间越久,外来务工人员的人均住房面积越大。

此外,居住在不同类型住房中的外来务工家庭的住房支出存在分异。总体而言,外来务工人员住房的公共设施、体育锻炼环境友好性、日常购物便利性有待完善,社区环境也有待改进,表现在噪声污染、空气污染、水污染等方面。在我国,户口等制度性因素显著影响外来务工人员的住房选择。其中,本地和非本地户口的划分是影响住房所有权的最重要因素。年龄、受教育程度、收入、居留时间、户口类型以及居留意向等与住房所有权正相关。住房选择因城市而异。家庭策略、个人迁移特征也对外来务工人员的住房选择产生重大影响。

第八章

外来务工家庭子女教育策略

在探讨外来务工家庭住房分异对随迁子女教育的影响前,本章先介绍外来务工人员在随迁子女接受学校教育过程中可能采取的一系列策略,并分析这些策略如何帮助外来务工家庭应对教育挑战。通过深入分析这些策略,帮助读者深入了解外来务工家庭的主观能动性,思考这些策略对政府制定推动教育公平、促进社会融合以及城市可持续发展政策的启示。

一、户籍制度下的入学策略

随着我国城市化进程的加速,越来越多的外来务工家庭进入城镇寻求更好的生活和工作机会,随之而来的是随迁子女在流入地接受教育的问题。户籍制度的限制、入学门槛的提高以及教育资源的不均衡,都给这些家庭带来了挑战。面对这些挑战,外来务工家庭采取了一系列策略来确保随迁子女能接受他们能力范围内高质量的教育。中央和地方政府已逐步出台相关措施,旨在降低入学门槛、扩大教育资源供给,加强对随迁子女的教育关爱。这些政策为外来务工家庭提供了更多的选择空间,也对他们的子女教育策略选择产生了重要影响。

外来务工家庭期望子女能够在城市接受更好的教育,获得更好的职业发展、更高的社会地位。他们积极收集有关城市教育资源和入学政策的信息,更好地规划子女的教育路径,努力寻找适合子女的教育机会,如民办学校、职业教育等。在实施积分落户的城市,外来务工家庭通过提高自身的学历、技能来积累积分,增加子女在当地入学的机会。他们通过合法途径办理居住证，甚至户籍迁移，以满足公办学校的入学要求。在有限的资源下，合理分配家庭预算，选择性价比较高的民办学校或课外辅导。他们积极参与社区活动，寻求社会组织的帮助，以获得更多的教育资源和支持。他们在期望与子女实际能力之间寻找平衡点，鼓励子女根据自己的兴趣和特长发展。

广东省是我国流动人口的重要目的地，也是接收流动儿童最多的省份。据第七次人口普查数据，广东省外来人口总规模高达2962万人，占总人口的23.5%。有学者调查了广东省流动人口父母如何运用策略来克服和规避教育机会的结构性障碍，帮助随迁子女在当地获得教育资源[38]。将外来务工人员定义为积极行动者，归纳出外来务工家庭应用如下策略帮助子女进入当地学校：①帮助子女获得当地户口，增加符合公立学校积分系统的条件；②利用社会关系网络争取公立学校的入学机会；③不断尝试获得公立学校的入学机会；④通过"虎妈"式育儿增强孩子的竞争力；⑤利用经济资源获得更多教育选择，如支付赞助费、进入精英私立学校或购买课外教育服务。此外，他们对城市教育体系的激烈竞争和公立学校入学程序有着清晰的认识。这些父母不仅在日常生活中监督孩子的学业，还参与多方合作。例如，夫妻合作落户、与孩子合作争取当地学校的录取，以及与教师合作支持孩子学业。值得注意的是，对于外来务工家庭来说，他们采取的策略的有效性受到各自家庭禀赋的影响，社会经济地位和学历较高的家庭在落户、达到公立学校积分标准以及教育选择上更有信心和能力。

2020年，上海市流动儿童规模为97.14万人，占全市儿童总数的34.94%[39]。据笔者团队对上海市闵行区教育管理专员的访谈，上海外来务工家长对子女的教育意识和教育期望在不断提高，许多家长主动在各教育平台咨询相关事宜。为了让子女获得更高质量的教育以及在沪参加中高考，他们积极寻找稳定的工作，提高居住证积分。例如，工作地在闵行区和徐汇区交界地带的外来务工家长，为了让子女能在徐汇区就读公办学校，获得更高质量的教育，选择在徐汇区定居并办理居住证。

CEPS调查数据也可以帮助我们了解外来务工家庭为帮助子女在当地

入学采取的策略。从图8-1中可以看出,外来务工家庭在子女教育策略类别以及是否采取相应策略上存在一定的分歧。当外来务工家长被问及"为了让孩子上这所学校,您家有没有做下列事情"时,部分家长表示自己积极主动地采取了措施,包括找朋友帮忙(15.66%)、让孩子参加各种学业考试和特长考级以增强竞争力(8.85%)、在学校所在区域买房获取就近入学资格(6.41%)以及提交额外费用以获得入学机会(4.72%)等。然而,值得注意的是,有67.4%的外来务工家长表示什么都没有做;部分家长采取了两种及以上策略来获得孩子在当地接受教育的机会。

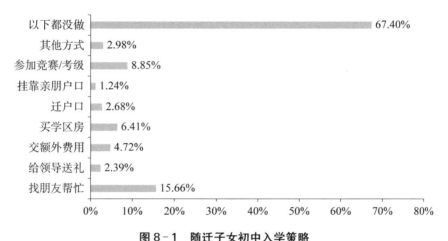

图8-1　随迁子女初中入学策略

资料来源:根据 CEPS 数据绘制。

二、升学政策限制下的教育期望转变

受教育政策、子女学业表现及家庭规划的影响,外来务工家庭对随迁子女的教育期望也会发生改变。据 CEPS 2014 年与 2015 年的数据,外来务工家庭对子女的教育期望在子女就读初一到初二学年间发生了变化。与 2014 年相比,2015 年外来务工家庭对子女的教育期望有所提高(见图8-2)。对子女教育期望的转变可能是由于家长评估了自身孩子的教育表现、高中升学资格以及家庭经济实力等因素,综合做出的教育规划。例如,原先计划就读职高的家庭满足了异地升学的材料要求或通过迁移户口的方式,获得了在当地城市中考和高中入学的资格,因此家长改变了对孩子的教育期望。

2014 年,有 78.33% 的外来务工家庭希望孩子读到大学及以上,到2015 年,这个比例增长到 83.44%。其中,期望孩子教育程度达到博士、硕士和大学本科的外来务工家庭占比均有所增加,希望孩子读到大学专科的外来务工家庭占比由 18.29% 降低到 15.12%(见图 8-2)。希望孩子在初一阶段就不读书的家长占比为 16.67%,在孩子的初二阶段,有 50% 的家长希望孩子达到普通高中的受教育水平,有 33.33% 的家长希望孩子能达到大学专科的学历。希望孩子的学历达到初中和中专/技校水平的家长,在第二年对孩子的教育期望都有不同程度的提升,少数家长期望孩子能获得博士学位。只有 19.77% 和 25.84% 的外来务工家庭维持了原先职业高中和普通高中的教育期望(见表 8-1)。

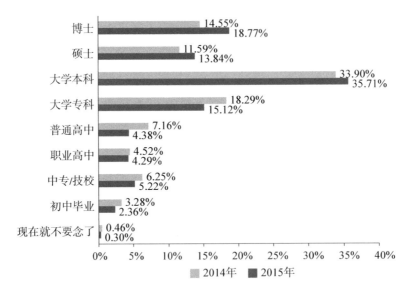

图 8-2　2014 年与 2015 年外来务工家庭对子女的教育期望

资料来源:根据 CEPS 数据绘制。

表8-1　外来务工家庭对子女教育期望的变化　　　　　　　　　　　　%

2014年	2015年								
	现在就不读	初中毕业	中专/技校	职业高中	普通高中	大学专科	大学本科	硕士	博士
现在就不读	16.67	0.00	0.00	0.00	50.00	33.33	0.00	0.00	0.00
初中毕业	0.00	39.58	18.75	14.58	8.33	6.25	2.08	2.08	8.33
中专/技校	0.00	6.60	22.64	11.32	16.98	15.09	16.98	3.77	6.60
职业高中	1.16	3.49	18.60	19.77	18.60	16.28	19.77	2.33	0.00
普通高中	0.00	13.48	13.48	11.24	25.84	12.36	13.48	2.25	7.87
大学专科	0.33	2.63	7.57	4.28	9.54	30.59	32.57	5.92	6.58
大学本科	0.14	1.53	3.89	2.23	5.70	17.39	51.60	8.34	9.18
硕士	0.72	1.08	1.80	2.52	1.08	12.23	28.78	32.01	19.78
博士	0.53	0.53	0.79	2.37	2.90	17.68	21.90	17.15	36.15

三、流入地的教育适应策略

随迁子女在流入地城市接受教育的同时,也在新环境中面临语言和文化适应的双重挑战。家庭作为孩子社会化的第一课堂,外来务工家庭采用各种积极的策略来应对这些挑战,帮助子女适应流入地的教育体系。家庭适应策略概念来自西方家庭史研究[40],用于解释家庭应对压力时的决策反应,也称家庭策略。外来务工家庭采取的教育适应策略主要包括以下几方面。

(1)增强语言能力。语言是融入新环境的首要工具。外来务工家庭通过辅导课程和语言,加强孩子的语言学习,以克服语言障碍。

(2)文化适应教育。在文化适应教育方面,通过介绍流入地的文化习俗,参与当地文化活动,帮助孩子理解和适应不同的文化环境。通过参与社区活动,为孩子构建一个社会支持网络,提高孩子适应新环境的能力。

(3)家庭教育方式的转变。逐步从传统的教育模式转变为更开放和现代的方式。例如,注重孩子的课外阅读,培养孩子独立思考和爱好阅读的习惯;开发孩子的兴趣爱好,不把考级考证作为目标,并经常带孩子旅游,鼓励孩子个性化发展。此外,利用社区教育资源,如图书馆、文化中心等,为孩子提供更广泛的学习和社交机会。

（4）家校合作。积极参与孩子的学校生活，与教师建立沟通，共同促进孩子的学业和个人成长。

（5）政策了解与应用。积极寻求社会支持与资源整合，通过了解政府的教育政策，如积分入学政策，为孩子争取更多的教育机会。积极寻求非政府组织提供的各种教育支持和辅导服务。

此外，因家庭迁移模式和结构的不同，家庭教育主体呈现出多元特征[41]，包括：①对通过分离来增强家庭抗风险能力的家庭来说，家庭教育主体为父母单方；②对举家迁移但父母忙于生计而缺位的家庭来说，由大龄兄弟姐妹作为教育"伪主体"；③对因两代农民工外出务工地点不同而导致主干家庭分离的家庭来说，作为一代农民工的祖父母成为家庭教育主体；④对联合家庭来说，其他亲戚成员或群租共居成员作为教育主体。

四、异地升学政策下的普职策略

（一）随迁子女在流入地升学资格

CEPS 数据显示，约一半的外来务工家庭缺乏对子女在当地报考高中资格的了解（见图 8 - 3）。在 2014 年和 2015 年，分别仅有 29.24% 和 27.80% 的外来务工家庭表示，根据当地政策，其子女能报考当地的重点高

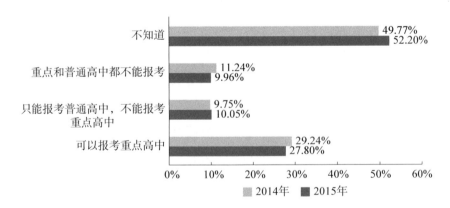

图8-3　2014年与2015年随迁子女报考当地高中资格

中。不能报考当地普通高中的外来务工家庭通常缺乏升学所需的条件。在实施积分入学制的城市,父母通常需要满足学历、职业资格、居住年限和社保缴纳年限等要求以达到一定的积分标准;在实施材料准入制的城市,父母则需要提供在流入地就业和社保、居住情况以及随迁子女学籍等材料。无法满足报考当地普通高中条件的外来务工家庭,按照当地的教育政策,随迁子女只能报考当地职业类高中,或回户籍地就读普通高中。

(二) 随迁子女在流入地升学打算

外来务工家庭对子女初中毕业后的升学打算如图 8-4 所示。2014—2015 年,打算在当地地级市就读高中的家庭比例从 67.47% 降低到 54.13%。可能因为随着子女从初一升到初二,家长对当地的教育政策认识越发清楚,同时结合自身情况,发现自身缺乏在当地城市报考高中的资格。值得关注的是,到其他地方读书和在当地地级市就读职业类高中的比例有所提高,其中打算就读职业类高中的家庭从 2014 年的 9.45% 上升到了 2015 年的 17.27%。

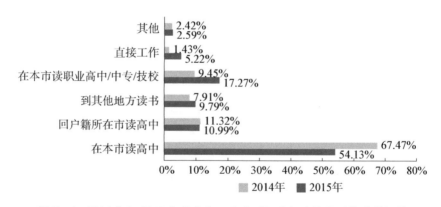

图 8-4　2014 年与 2015 年外来务工家庭对子女初中毕业后的升学打算

普通高中决策比例的降低和职业类高中比例的提高可能与随迁子女异地升学政策相关,也是外来务工家庭面对户籍制度下异地升学障碍的积极应对策略。与 2014 年相比,2015 年具有重点高中升学资格的家庭占比有所下降。外来务工家庭在熟悉了当地教育政策后,认为子女在当地升学资格的不确定性增大,进而认为放弃原来的报考当地高中计划、选择职高是较为稳妥的选择。

据笔者团队对上海市闵行区教育管理专员的访谈,在初中阶段,随迁子女回乡就读常发生于八年级,多为外来务工家长争取居住证积分失败,子女无法在沪参加中考,最终无奈将子女转回家乡就读。在升学方面,因上海高考独立于全国,竞争压力相比外省市小,外来务工家庭更希望子女在上海就读,存在选择本地高端民办学校就读的情况。此外,因无法参加中高考,部分成绩较好的随迁子女转而直接进入上海技术类中专、职业学校就读一些高端、热门专业,如飞机维修、焊接航母等,这类人才在上海较为紧缺。这类随迁子女之后可继续就读大专、专升本,也可实现升学的目的。

(三) 职业教育策略

方面,很多随迁子女因不符合升学资格,只能被动选择当地的职业教育。另一方面,职业教育因其教育公平和就业导向,也可能成为外来务工家庭的主动策略。《中国职业教育发展报告(2012—2022年)》指出,职业教育为不同背景的学生提供了多样化的学习和发展机会,包括农村学生、退役军人、下岗待就业人员等,促进了教育公平。职业教育注重学生的就业能力培养,与市场需求紧密结合,因而提高了学生的就业率和就业质量。

近年来,我国对职业教育的重视程度和投入逐步提升。2014年,教育部等部门联合印发了《现代职业教育体系建设规划(2014—2020年)》,明确到2020年形成适应发展需求、产教深度融合、中职高职衔接、职业教育与普通教育相互沟通,体现终身教育理念,具有中国特色、世界水平的现代职业教育体系。2019年,国务院出台《国家职业教育改革实施方案》,提出职业教育与普通教育是两种不同教育类型,具有同等重要地位。2022年5月,新修订的《中华人民共和国职业教育法》正式施行,以立法方式明确职业教育是与普通教育具有同等重要地位的教育类型。

接受职业教育的学生,可以升入更高层次的职业学校或本科高校继续学习,还可以与普通高中、高等职业学校及应用型大学课程互选、学分互认[42]。普职融通的推进,可构建一个更加开放和包容的教育体系,有利于促进教育公平,为社会培养更多高素质技术技能人才,同时也可一定程度满足随迁子女异地升学和个性化发展的需求。

五、"双减"政策下的家庭"增负"策略

本地家庭通常对当地教育资源有更深入的了解和更好的获取渠道,而随迁子女家庭可能面临更多挑战,如家庭社会经济地位较低、父母教育水平有限、户籍限制等,这些可能会影响他们对课外托管和补习教育资源的获取和利用。2021 年,《关于进一步减轻义务教育阶段学生作业负担和校外培训负担的意见》出台,即"双减"政策。"双减"政策的初衷是解决学生学业负担过重、校外培训机构过度发展等问题[43]。通过减少校外机构培训、增加校内课后服务的方式,缩小不同禀赋家庭子女教育的差距。截至2022 年 2 月,原 12.4 万个义务教育阶段线下学科类校外培训机构压减到9 728 个,减少 92.14%[44]。《全国"双减"成效调查报告》显示,83.4%的学生能在学校完成大部分书面作业。此外,课后服务得到广泛开展,内容涵盖作业辅导和各类兴趣课程。

然而,"双减"政策的实施并不能降低外来务工家庭对随迁子女教育的需求。据 CEPS 2015 数据,外来务工家庭对子女的教育期望很高,通常希望子女能接受大学本科及以上教育。随迁子女在流入地持续获取优质教育资源并获得良好的学业表现,有机会进入好的大学,可为外来务工家庭在当地生活积累更高的人力资本,实现代际向上社会流动的目标。《蓝皮书 2021》指出,"双减"政策下,升学压力不减。随迁子女遇到系列问题,包括课后服务供需不匹配,孩子和家长对课后服务有不同的需求;民办学校由于经费缺乏对课后服务落实不够;成绩和排名的模糊化导致外来务工家长对孩子的学习缺乏直观了解等。

在流入地城市的升学压力下,外来务工家庭产生严重的危机感,学校教育更多转移到了家庭教育上,部分外来务工家长选择采取"增负"策略。在具有一定文化资本的外来务工家庭,家长的"增负"体现在加强作业监管

和布置更多习题。这对家长的受教育程度和陪伴孩子的时间提出了要求。因工作繁忙,部分具有一定经济基础的外来务工家庭寻求托管和补习来弥补学校教育的不足。然而,一项研究显示,虽然上补习班会提高学生的成绩,但同时也可能损害学生的心理健康[45]。

由于家庭资本的相对匮乏,随迁子女家庭在校外教育的参与方面与本地家庭有较大差距。大量外来务工父母难以为子女提供学业上的辅导和帮助。根据国家统计局的数据,2023 年,16~59 岁劳动年龄人口平均受教育年限为 11.05 年[46],尚未达到高中毕业水平。外来务工父母工作繁忙,与孩子沟通频率较低[47]。以上家庭禀赋的分异进一步导致了随迁子女教育的分异。子女教育获得的差距由学校教育延伸到校外教育,致力于减轻学生和家庭负担的"减负"政策导致家庭的"增负"教育策略。

六、本章小结

随着我国城市化进程的加速,越来越多的外来务工家庭进入城镇寻求更好的生活和工作机会,随之而来的是随迁子女在流入地接受教育的问题。面对这些挑战,外来务工家庭采取了一系列策略来确保随迁子女能接受他们能力范围内高质量的教育,包括积极收集教育信息,寻找适合的教育机会;通过提高自身的学历和技能积累积分,增加子女在当地入学的机会;通过合法途径办理居住证,甚至户籍迁移,满足公办学校的入学要求;合理分配家庭预算;积极参与社区活动以寻求社会组织的帮助;鼓励子女根据自己的兴趣和特长发展。随迁子女在流入地接受教育的同时,也在新环境中面临语言和文化适应的双重挑战。外来务工家庭通过采用各种积极的策略来应对这些挑战,帮助子女适应流入地的教育体系。受教育政策、子女学业表现及家庭规划的影响,外来务工家长对随迁子女的教育期望也会发生改变。

据 CEPS 2015 数据,约一半的外来务工家长缺乏对子女在当地报考高中资格的了解。无法满足报考当地普通高中条件的外来务工家庭,按照当地的教育政策,随迁子女只能报考当地职业类高中,或回户籍地就读普通高中。2014—2015 年，打算在当地地级市就读高中的家庭比例有所降低，到其他地方读书和在当地地级市就读职业类高中的比例有所增长。一方面，很多随迁子女因不符合升学资格，只能被动选择当地的职业教育；另一方面，职业教育因其教育公平和就业导向，也可能成为外来务工家庭的主动策略。

本地家庭通常对当地教育资源有更深入的了解和更好的获取渠道，随迁子女家庭可能面临更多挑战，进而影响他们对课外托管和补习教育资源的获取和利用。"双减"政策的初衷是通过减少校外机构培训、增加校内课后服务的方式，缩小不同禀赋家庭子女教育的差距。然而，该政策的实施并不能降低外来务工家庭对随迁子女教育的需求。在流入地城市的升学压力下，学校教育更多转移到了家庭教育上。由于家庭资本的相对匮乏，随迁子女家庭在校外教育的参与方面与本地家庭有较大差距。外来务工父母工作繁忙，与孩子沟通频率较低，大量外来务工父母难以为子女提供学业上的辅导和帮助。以上家庭禀赋的分异可能进一步导致随迁子女教育的分异。

第九章

家庭禀赋对随迁子女教育的影响

家庭禀赋通常包括经济禀赋、文化资本、职业禀赋、社会资本等。在家庭社会经济地位的共同作用下,家庭形成的资本和阶层及其他因素,都对子女教育有重要影响。本章通过文献研究及数据分析,探讨不同类型的家庭禀赋对随迁子女教育可能存在的影响。

一、家庭经济禀赋对随迁子女教育的影响

(一) 文献研究

1. 家庭收入对子女教育支出的影响

子女教育支出是家庭消费的一部分,教育消费能力受到家庭经济的制约。收入是影响家庭对子女教育支出的重要变量,收入较高的家庭更可能为孩子购买图书、报读辅导班、培养兴趣以及聘请家教。有研究发现,家长的月收入每增加1元,对每名子女每年的教育支出就增加1.19元[48]。家庭是学前教育支出的主体,在控制了一系列和家庭儿童相关的因素之后,收入和父母受教育水平更高的家庭,用于促进儿童早期发展而提供各类产品和学习机会所涉及的费用越高[49]。

苏余芬和刘丽薇的研究佐证了这一点,低收入家庭的学前教育支出占收入的比例高于高收入家庭,并且随着低收入家庭受教育水平的提高,儿童教育支出占家庭收入的比例也相应提高。这可能意味着低收入家庭有着更强烈的让子代通过教育摆脱贫困的愿望,因为家庭的教育支出能提高家庭成员的自我效能感[50]。

低收入家庭面临较多的信贷约束,对子女的教育支出较少,子女的教育成就也会相对较低[51]。信贷约束是指个人或企业在获取信贷资源时面临的限制条件,这些条件可能来自金融机构的贷款政策、借款人的信用状况、市场环境或其他外部因素。信贷约束的存在会影响借款人的融资能力,进而对其消费、投资和经营活动产生影响。中国文化高度重视教育,家庭通常愿意为子女教育投入大量资源。因此,即使面临信贷约束,家庭也可能通过其他方式筹集资金。此外,教育贷款的普及率和可获得性较低,加上教育政策和社会网络的支持,低收入家庭的信贷约束在中国并不常见。

家庭收入和教育支出的关系并不总是显著和正相关。万相昱等基于中国城镇住户调查数据的研究发现,教育支出和家庭收入之间呈现的是显著的倒 U 形关系,教育支出存在上限,高收入家庭的教育支出并不会随着收入的提高而一直增加,而低收入家庭的教育支出会随着收入的提高逐渐接近这个上限[52]。家庭收入属于显性的经济资本,可以通过增加对子女的物质投入,影响子女高质量教育资源的获得。家庭经济资本通过提高家庭教育支出和父母参与,提高了流动儿童的语文和数学成绩[53]。此外,儿童教育储蓄与子女的学业成就正相关,甚至超过了家庭收入的影响,并且约一半的积极影响可以通过父母的教育期望来解释[54]。与中低收入家庭相比,较高收入家庭不仅对子女教育的投资意愿较强,而且对子女教育和"影子教育"的支出更多[55]。教育投资是家庭为子女争取优质稀缺教育资源和个体教育发展的手段。个体教育获得是一个连续性的过程,前一个阶段的教育获得对后一个阶段的教育获得的影响既是积累性的,也是机会性的,没有初等教育和中等教育阶段较好的学业表现,也就没有机会踏入高等教育的大门。

2. 社会资本对子女教育的影响

社会资本是指个体或群体通过社会关系网络获得的资源和优势,这些资源和优势能够为个人或集体带来利益或价值。父母参与等同于社会资本,通过基于家庭的参与(亲子交流、日常辅导和文化活动)和基于学校的参与(家校沟通、学校活动参加等)构建父母和孩子之间的闭合关系,作为家庭社会资本影响儿童的教育发展[56]。父母为子女投入的时间和精力构建的闭合代际关系作为社会资本，有助于提升流动儿童的认知能力，但这种积极效应更多体现在不需要高文化素质要求的参与行为上。

有学者探讨了家庭社会经济地位与父母参与的关系，发现社会经济地位高的家庭倾向于改善父母的家庭作业支持、父母与孩子的沟通以及父母与孩子相处的时间，而社会经济地位低的家庭则倾向于改善严格的纪律[57]。父母的态度和期望显著降低了低社会经济地位家庭的父母参与。一项探究社会资本对农村儿童学业表现的研究发现，农村家庭社会资本薄弱，对孩子的学业成绩没有显著影响，但农村家庭的经济和文化资本对子女的学业成绩影响显著[58]。城市学生的社会资本网络规模与优秀的学业成绩正相关，因为城市学生不仅能在学校学习，还能通过向家长求助来积极获取教育资源，从而形成合力，保证多层次的教育资源供给，而农村学生得到的家庭教育支持有限，处于自力更生的学习状态[59]。

3. 社会经济地位对子女教育的综合影响

家庭社会经济地位通常包括家庭收入、父母受教育水平、父母职业等维度[60][61]，这三个维度均与子女的教育发展息息相关[62]。此外，社会经济地位还包括社会影响力、家庭资本、社会阶层、健康状况等等，与利用分离的指标综合衡量社会经济不同，不少学者结合各项有关指标构建社会经济地位和其他综合指标开展研究。

研究发现，县域高中生的家庭社会经济地位处于不利地位，会直接影响子女的学业成绩，而父母参与和自我教育期望会缓解家庭社会经济地位对县域高中生学业成绩的不利影响[63]。家庭社会经济地位显著正向影响青少年的阅读素养，在低社会经济地位的家庭中影响更为显著。低社会经济地位的家庭在教育参与上倾向于采用监管或脱离的方式，而高社会经济地位的家庭采用的是支持方式，有利于改善青少年内化和外化问题行为[64]。主观的家庭社会经济地位是一种保护因素，通过教育期望缓冲低社会经济地位家庭对流动青少年学业成绩的负面影响[65]。有趣的是，学校平均社会经济地位对子女学业表现的积极影响比家庭社会经济地位更为明显,这意味着同伴群体对学业水平的重要性。

此外,家庭社会经济地位可以通过学校教育和"影子教育"构成教育分流的双轨道,影响学生中考和高考升学的结果,扩大基于家庭社会经济地位的教育不平等[66]。在中考升学阶段,社会经济地位具有优势的家庭能更多地参与子女教育过程,帮助子女提高学业成绩,通过这两个渠道,在教育分流转折点上促进子女选择普通高中[67]。进入普通高中的子女能遵循普通教育升学路径进入普通高等院校学习。相比于高职院校,本科院校毕业的大学生更有机会进入体制内单位工作,并且获得较高的收入[68]。

综上,社会经济地位对子女教育的投入、过程和结果都有深刻影响。劣势的社会经济地位与子女教育的各方面负相关,并通过教育期望、父母参与等影响子女教育成果。这些消极影响会抑制低社会经济家庭向上的社会流动,从而可能导致贫困的代际传递。

(二) 实证分析

1. 外来务工家庭的经济状况

据 CGSS 数据,2010—2020 年,外来务工家庭的收入呈大幅增长趋势。2010 年,有 34.5% 的外来务工家庭年收入为 2 万～5 万元,占比最高,其次是 5 万～10 万元,占比 20.3%(见图 9-1)。2020 年,外来务工家庭的收入

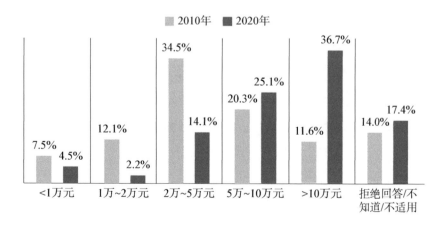

图 9-1　2010 年与 2020 年外来务工家庭年总收入

资料来源:根据 CGSS 2011、CGSS 2021 数据绘制。

普遍有了较大幅度的增长,有 36.7% 的外来务工家庭收入在 10 万元以上,占比最高,其次是 5 万～10 万元,占比 25.1%。

据 CGSS 数据,2010 年与 2020 年外来务工家庭的主观经济地位均不高。相比当地家庭,约一半的外来务工人员认为自己的家庭经济状况为"平均水平"(2010 年为 45.7%,2020 年为 50.3%),其次是"低于平均水平"(2010 年为 32.1%,2020 年为 29.0%),有 9% 左右的外来务工家庭认为自身经济状况"远低于平均水平"(见图 9-2)。

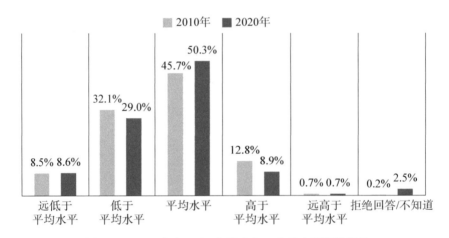

图 9-2 2010 年与 2020 年外来务工家庭主观经济地位
资料来源:根据 CGSS 2011、CGSS 2021 数据绘制。

2. 外来务工家庭的社会保障

根据 CGSS 数据,2010 年超过一半的外来务工人员有公费医疗或基本医疗保险,仅 11.2% 的人有商业医疗保险,仅 7.6% 的人有单位或其他组织提供的附加医疗保险(见表 9-1)。2020 年,约九成外来务工人员有城市基本医疗保险/新型农村合作医疗保险/公费医疗,约七成外来务工人员享有城市/农村基本养老保险(见表 9-2)。然而,仅 23.4% 的外来务工人员有商业医疗保险,11.2% 的人有商业养老保险。整体来看,外来务工人员的社会保障水平有所上升。

表 9-1　外来务工人员参保情况(2010 年)

保险类型		人数(人)	占比(%)
公费医疗/基本医疗保险	有	222	53.1%
	没有	189	46.3%
	不适用	0	0.0%
	不知道	0	0.0%
	拒绝回答	3	0.6%
个人购买的商业医疗保险	有	46	11.2%
	没有	365	88.2%
	不适用	0	0.0%
	不知道	0	0.0%
	拒绝回答	3	0.6%
单位或其他组织提供的附加医疗保险	有	35	7.6%
	没有	376	91.9%
	不适用	0	0.0%
	不知道	0	0.0%
	拒绝回答	3	0.6%

资料来源:CGSS 2011。

表 9-2　外来务工人员参保情况(2020 年)

保险类型		人数(人)	占比(%)
城市基本医疗保险/新型农村合作医疗保险/公费医疗	有	691	91.8%
	没有	56	7.4%
	不适用	1	0.1%
	不知道	5	0.7%
	拒绝回答	0	0.0%
城市/农村基本养老保险	有	532	70.7%
	没有	205	27.2%
	不适用	5	0.7%

(续表)

保险类型		人数(人)	占比(%)
	不知道	11	1.5%
	拒绝回答	0	0.0%
商业医疗保险	有	176	23.4%
	没有	563	74.8%
	不适用	5	0.7%
	不知道	9	1.2%
	拒绝回答	0	0.0%
商业养老保险	有	84	11.2%
	没有	649	86.2%
	不适用	9	1.2%
	不知道	11	1.5%
	拒绝回答	0	0.0%

资料来源:CGSS 2021。

3. 家庭经济状况与随迁子女学业表现

据 CEPS 2015 数据,外来务工家庭的自评经济条件近似呈现正态分布(见图 9-3)。自评经济条件来自外来务工家长对家庭经济状况的感知,认为处于中等经济水平的家庭占大多数(69.85%),其次是认为经济比较困难的家庭,占 20.52%。外来务工家庭多数将自身定位为中低收入家庭。

对自评家庭经济条件与家长对孩子的学业表现评价做交叉表分析,发现不同经济条件的外来务工家庭在子女的学业表现评价上存在显著的差异,卡方值为 31.629(见表 9-3),在 99% 的水平上显著。子女学业表现来自家长问卷中家长对孩子学业成绩的整体评估。生活在较富裕家庭的随迁子女的学业表现主要在中等及以上,生活在很富裕家庭的随迁子女获得很好的学业表现的比例最高,占 25%。中等家庭的子女学业表现主要在中等上下区间内,而自评家庭经济状况为比较困难和非常困难的外来务工家庭,对子女学业表现评价为"不好"的比例分别为 11.90% 和 17.89%。

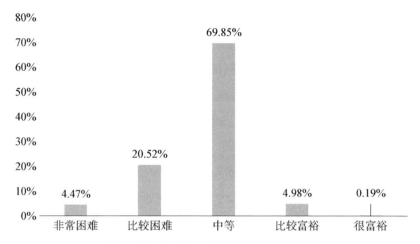

图 9‑3　外来务工家庭的自评经济条件

资料来源：根据 CEPS 数据绘制。

表 9‑3　外来务工家庭经济条件与子女学业表现自评　　　　%

	孩子学业表现					卡方
	不好	中下	中等	中上	很好	
非常困难	17.89	23.16	38.95	13.68	6.32	
比较困难	11.90	27.00	36.38	21.28	3.43	31.629
中等	10.25	24.18	33.62	26.46	5.49	$p=0.011$
比较富裕	10.28	16.82	32.71	30.84	9.35	
很富裕	25.00	0.00	25.00	25.00	25.00	

资料来源：根据 CEPS 数据计算。

二、家庭文化资本对随迁子女教育的影响

（一）文献研究

父母的受教育水平往往与他们对教育的重视程度和期望相关，这直接影响了父母对子女的教育支出或教育储蓄[69]。家长的学历在大学及以上的家庭比其他家庭的子女教育支出更多[70]。有研究探究了一家之主的教育水平的代际传递效应，发现户主教育水平更高的家庭会有更多的教育支出[71]。家庭中母亲受教育年限的占比与家庭教育支出存在正相关关系，母

亲相对父亲的受教育年限越长,教育支出越多[72]。父母间相对受教育程度对子女学业表现的影响有异,受过高等教育且学历相同父母的子女其学业表现比未受过高等教育且学历相同的家庭和父亲比母亲学历高的家庭要好,并且在父亲学历高于母亲的家庭中,父亲与母亲在教养分工中建立了互补的关系,激活了家庭文化资本,随着教育跨层级的增加,子女学业表现的优势递增[73]。

在子女教育机会获得方面,高文化资本的家庭通常参与孩子的教育实践,可以帮助子女占据更大的竞争优势。与家庭经济相比,家庭的文化资本对子女学业成绩的影响更为显著,父母的文化资本通过对子女的教育参与和开展的"影子教育"促进了子女教育获得[74]。有研究显示,与母亲的受教育程度相比,父亲的受教育程度在子女优质教育机会获得中(小学入学)发挥了更大的积极作用[75]。高校学生群体中来自较好的家庭背景的学生比例更高[76],父亲受教育程度更高家庭的子女进入"211"高等教育院校的概率更高。父母的受教育程度不仅对子女接受高等教育的机会有积极影响,而且对子女入学的院校层次也有很大的正向促进作用[77]。

在子女学业表现方面,父母的教育背景会影响他们辅导子女作业和参与学校活动的能力。家庭的学历及文化资本能够积累继承,影响子代的学业成就。受过教育的父母可以提供积极的养育和有利的家庭环境,为孩子的发展作出贡献[78]。一项美国的早期研究显示,父母的教育和收入可以通过父母的信仰和行为影响儿童的学业成绩[79]。以父母学历和收入为代表的家庭社会经济地位通过父母期望、父母参与和儿童参与三个中介变量,对儿童的学业成绩产生影响。父母的学历和收入会激励他们的教育期望,高教育期望会激励他们参与儿童的学习,从而促进儿童在学校的参与程度,为儿童的学业成绩带来积极影响[80]。

此外,家庭学历与其他文化资本对子女学业成就的影响是否存在及影响程度取决于子女教育阶段[81]。在学前阶段,父母学历、父母对学业的重视程度以及亲子阅读对孩子学业表现的影响最大。与低年级学生相比,父母的学术讨论对高年级学生(7～12 年级)的学业成绩影响最大。而家庭教育资源、父母学历、父母期望、文化参与、家庭支持等文化资本的代理变量均显著影响所有教育阶段子女的学业成绩。一项对初中生的调查也显示，父母的受教育程度、文化活动参与和家庭藏书量等文化资本对子女非认知能力有显著的促进作用[82]。

(二) 实证分析

据 CEPS 2015 数据，随迁子女父母的受教育水平普遍集中在初中及以下，父亲获得初中及以上学历的占比高于母亲(见图 9-4)。这意味着，随迁子女父母的受教育水平仍然较低，整体上父亲比母亲的学历略高。

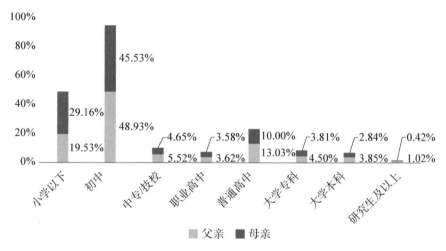

图 9-4　随迁子女的父母受教育水平

资料来源：根据 CEPS 数据绘制。

由于中专、技校和职业高中同属于中等职业教育，因此将其归为中职类。接下来分别构建父亲及母亲学历与子女学业水平的交叉表(见表 9-4)，结果显示，父母学历与子女学业水平的关联均在 99% 的显著性水平上显著。父母的低学历对子女学业表现的消极影响较大。父母学历为初中及以下时，子女的学业表现处于中下水平；父母获得本科及以上学历时，子女的学业表现显著上升。

表9-4　随迁子女父母学历与子女学业水平的交叉表分析　　%

学历		子女学业水平					卡方
		不好	中下	中等	中上	很好	
父亲	小学及以下	13.13	26.49	36.28	18.85	5.25	55.014 p＝0.000
	初中	10.39	24.69	36.13	24.02	4.77	
	中职	8.67	22.96	33.16	29.08	6.12	
	高中	13.62	24.01	29.03	28.32	5.02	
	大专	9.28	24.74	28.87	32.99	4.12	
	本科	7.32	12.20	31.71	37.80	10.98	
	研究生	9.52	19.05	19.05	28.57	23.81	
母亲	小学及以下	12.30	26.20	34.35	23.00	4.15	58.678 p＝0.000
	初中	11.02	25.75	34.19	23.58	5.46	
	中职	10.23	22.16	36.36	25.00	6.25	
	高中	9.35	21.03	35.51	28.97	5.14	
	大专	13.58	20.99	28.40	32.10	4.94	
	本科	3.28	8.20	29.51	45.90	13.11	
	研究生	12.50	0.00	37.50	12.50	37.50	

资料来源：根据 CEPS 数据计算。

三、家庭职业禀赋对随迁子女教育的影响

（一）文献研究

父母工作的稳定性对子女教育有重要影响。挪威的一项研究发现，父亲失业对子女的学习成绩有消极影响，而母亲失业则对子女的学习成绩有积极影响[83]。英国的一项研究也支持类似的结论，即父亲失业会导致子女的学习成绩下降，且子女成年后的工资减少 2%[84]。工作不安全感作为一种压力源，不仅会影响员工自身的健康和福祉，还会影响员工家庭，进而对儿童造成负面影响[85]。同样的，不稳定、无保护的非正规就业也会损害员工及其家庭的福祉[86]。在埃塞俄比亚和越南，父亲的工薪就业对儿童的认知能力发展起到重要作用，其正向影响对儿童的物质支出，从而提高儿童的认知能力[87]。因此，从自营职业向工薪就业转变可能是提高儿童认知的一种潜在策略。此外，父母签订劳动合同可以通过预期效应提高对子女的

教育期望。具体来说,劳动合同作为一种社会保障,可一定程度减少劳动者未来面临的不确定性,从而增加劳动者对子女教育的投入,提高教育期望[88]。已有研究发现,母亲的工作时间与儿童的认知发展有显著关联,可能是母亲的工作为儿童提供了更为丰富的亲子活动[89]。相比母亲,父亲的职业指数和受教育年限对子女的阅读素养影响更大[90]。

父母的职业类别代表了社会阶层和资本,父母的工作状况和社会职业地位可提供不同的社会资源和网络,进而为子女教育提供支持。高职业地位可能意味着更广泛的社会联系,有助于子女获得教育信息和机会。研究发现,父亲从事管理技术类职业代表了较高的社会阶层,与子女进入"211"高等教育院校有显著的积极联系[91]。高职业权力家庭,即拥有高社会资源和权力的职业的家庭,在教育经费支出方面比其他家庭减少17%,在学前和小学阶段以及县城以下区域,高职业权力家庭对教育支出的减少更为显著,作为经济功能为子女带来了物美价廉的教育机会[92]。拥有高权力资本的家庭常常通过权力择校、关系择校、单位共建等方式,让子女接受优质的学校教育,不需要家庭支付更多费用;而拥有低权力资本的家庭则会因为无法获得稀缺的优质公立教育资源,不得不多花钱去接受民办教育,因此,权力资本的优势或者劣势转化成为教育支出的多寡[93]。

(二) 实证分析

1. 外来务工家庭职业类型

据 CEPS 2015 数据,将外来务工父母的职业划分为管理者、专业技术工作者、办事与服务人员、体力劳动者、个体户以及包括退休失业在内的其他。

一方面,随迁子女父母在就业领域的分布呈现出一定的集中性,在体力劳动和个体经营中的就业比例较高(见图 9-5)。母亲为体力劳动者的比例为 25.70%,父亲为 36.56%;母亲为个体户的比例为 36.13%,父亲为 39.16%。这两类职业对学历的需求都不高,相对不利于职业声望的建立。

另一方面,对比各职业比例,发现随迁子女的母亲大多就职于服务业,其中有一部分母亲并未参与劳动力市场。这种就业现象可能与深植于社

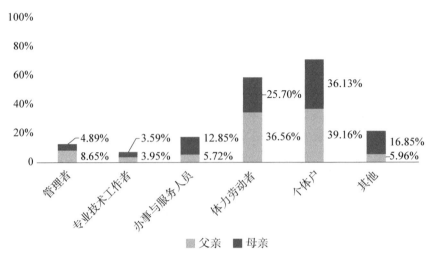

图9-5 随迁子女父母的职业分布

资料来源:根据 CEPS 数据绘制。

会文化中的性别角色观念有关,即传统上认为男性应承担家庭的经济支柱角色,而女性则更多地负责家庭内部的事务。此外,社会普遍认为女性具有更为细腻的观察力和同理心,这些特质在服务业等与人交流密切的行业中尤为重要。以上发现意味着,随迁子女父母的职业缺乏稳定性,他们在受教育水平上的劣势在就业市场中转化为职业地位的劣势。

2. 外来务工家庭职业类型与随迁子女学业表现

随迁子女父母职业与子女学业水平的交叉表分析显示(见表9-5),父母的职业与子女的学业水平之间存在显著的相关性,卡方检验的 p 值分别为 0.006 和 0.012,均小于 0.05。

(1)相比其他职业,父亲和母亲是专业技术人员的子女有较大比例学业水平为"很好",分别为 7.14% 和 9.21%;而学业水平为"中上"的子女占比最高,分别为 36.90% 和 38.16%。

(2)父母是高级管理者的随迁子女的学业水平存在相似的特征。高级管理者和专业技术人员拥有更多的资源和更高的教育期望,这些因素可能正面影响子女的学业表现。

（3）办事与服务人员、体力劳动者和个体经营户的子女在学业水平上的表现相对较差。父母从事体力劳动和其他非专业职业，其子女可能面临较多的社会经济挑战，包括较低的家庭收入、较少的教育资源和较低的教育期望，从而影响学业成绩。

表9-5　随迁子女父母职业与子女学业水平的交叉表分析　　　%

职业类型		孩子学业水平					卡方
		不好	中下	中等	中上	很好	
父亲职业	高级管理者	11.29	21.51	30.65	31.18	5.38	
	专业技术人员	2.38	26.19	27.38	36.90	7.14	
	办事与服务人员	7.32	20.33	34.96	32.52	4.88	39.55
	体力劳动者	10.90	25.51	34.49	23.97	5.13	$p=0.006$
	个体经营户	11.12	24.04	35.77	23.33	5.74	
	其他	21.09	24.22	33.59	17.19	3.91	
母亲职业	高级管理者	9.52	19.05	40.95	23.81	6.67	
	专业技术人员	7.89	15.79	28.95	38.16	9.21	
	办事与服务人员	9.09	24.00	30.91	32.00	4.00	37.03
	体力劳动者	11.45	25.64	32.36	24.73	5.82	$p=0.012$
	个体经营户	10.13	23.25	38.83	22.73	5.06	
	其他	14.21	26.74	31.48	22.01	5.57	

资料来源：根据 CEPS 数据计算。

四、家庭流动对随迁子女教育的影响

流动特征是与家庭及其子女流动相关的特征，包括流动经历、在流入地居住时间、流入地的家庭成员、回乡计划、再迁计划、户口类型及家乡的住房情况等。

（一）流动经历的影响

随着户籍制度改革的推进，各地政府积极响应国家政策，进一步放宽放开落户政策，促进外来务工家庭在城市安居。尽管如此，随迁子女在流入地仍然遇到一些问题，包括进入公立学校的途径有限、在学校被排斥以及与迁移流动有关的心理健康问题。这些问题极大地影响了随迁子女的教育获得。流动经历对随迁子女教育的影响分为三方面。

1. 户籍制度对子女受教育机会的影响

教育均衡问题在缺乏户籍和入学条件的随迁子女身上体现得尤为明显[94]，与民办农民工子弟学校相比，公办学校有着明显较好的教育设施和教育质量[95]。进入公立学校对随迁子女的教育质量有着关键影响，公立学校的随迁子女的社会适应和心理适应能力也更强[96]。获得良好教育是随迁子女家庭在流入地的重要目标之一，也是家庭脱离贫困、实现社会阶层向上流动的途径之一。

受户籍制度影响，随迁子女在流入地入学面临一定的门槛。尽管户籍制度有所改革，但在一些超大城市，如上海、北京，取而代之的是严格的居住积分制度。城市实行积分制入学/落户政策，通过积分排名来决定入学/落户资格，但积分标准仍然偏向高学历、高技能的人才，导致随迁子女难以获得公办学校的入学机会[97]。即使随迁子女能够在流入地接受教育，他们进入公立学校的概率也显著低于本地子女[98]，或者只能进入工业区的低质量公办学校[99]。随着儿童年龄增加，在升学过程中随迁子女人数和占同年在校生比例不断下降，2014 年初中随迁子女在校生人数和比例分别为155.5 万人和 10.74%，到了 2020 年高考报名阶段只剩下 25.6 万人和2.39%[100]。

2. 流动对家庭资本和子女教育的影响

家庭流动和子女随迁要求家庭在迁移前就有一定的资本积累，因为流入地的社会适应期间需要依靠家庭的原始资金积累才能维持当地的生活开支和公共服务支出[101]。社会资本能促进随迁子女正向的教育成果获得，例如，与流动儿童相比，本地儿童的同伴效应占主导作用[102]。频繁搬迁导致的居住不稳定会影响随迁子女的学业表现[103]。高比例本地学生的同伴环境会显著提升随迁子女在学校的归属感和本地学生对随迁子女的接纳程度。同伴效应对随迁子女的认知能力、教育期望和心理健康会产生积极影响[104]。

然而，在流动过程中，随迁子女损失了原居住地闭环的家庭关系和社会网络,在流入地获得不稳定、不封闭的社会网络。社会资本降低对教育成果有负面影响。即使随迁子女进入了城市公立学校,在家庭和社会中的互动较差,也可能导致学业表现不如本地学生[105]。一项针对城—城迁移对儿童福祉的影响的研究发现,城—城迁移子女福祉(营养状况、亲子关系、课外实践、认知能力和学习成绩、非认知能力五方面)水平多数低于城市本地儿童,城—城迁移对儿童福祉具有显著的消极影响[106]。

尽管如此,流动人口正努力发展社会资本转型以促进子女教育机会的获得,不仅通过人情往来维持了基于血缘、地缘和亲缘的熟人社会关系网络,还投入时间和精力积极主动结识社会地位高的朋友,借助学缘、业缘以及与陌生人熟识结缘构建异质性社会网络[107]。这些社会资本有助于流动人口为其子女争取公立学校的入学机会、教师的关注以及高等教育获得。

3. 流动经历对随迁子女健康和适应性的影响

随迁子女跟随父母来到流入地,生活空间的转换使其脱离了原有的朋辈关系网络,社会适应和身心健康受到了挑战。社会适应是指调整个人行为以适应特定社会的规则和价值观[108]。有研究发现,农民工随迁子女在当地学校融入程度低,导致其心理健康水平低于本地人口子女[109]。与本地儿童相比,随迁子女在社会文化适应和心理适应方面处于较低水平,与农村儿童相比,随迁子女的心理适应也较差[110]。一项追踪调查发现,流动儿童的流动性越高,其孤独感起始水平越高,而进入公立学校、降低流动频率和提升心理弹性可以有效减少流动儿童的孤独感[111]。

一项针对贵州的研究也显示,随迁子女在城市的总体融入程度较低,尤其是在家庭融入和教育融入方面,体现在弱化家庭生活氛围、缺乏亲子沟通和同伴交往等。有趣的是,该研究发现随迁子女的心理融入高于其他儿童,可能是拥有较多流动经历的儿童具有更强的心理韧性。流动后带来的歧视和贫困与儿童的抑郁症状和健康密切相关[112]。

然而,也有研究显示,受父母外出务工影响的儿童(流动儿童和留守儿童)并没有遭受情感缺陷,并且该研究认为家庭在物理上虽然分隔,但保持了社会上的完整[113]。一项针对 3 岁以下婴幼儿早期发展的研究显示,非流动婴幼儿发展好于流动婴幼儿,但家庭是否流动并不是影响婴幼儿发展的关键因素,流动后的资源获得和发展机会差异可以解释这一现象不显著的原因[114]。因此,应辩证地看待家庭流动对子女各方面的影响。

(二) 流入地居住时间的影响

流入地居住时间对子女教育的影响较为复杂,涉及家庭稳定性、教育资源的获取、社会融合程度以及政策环境多个层面。居住时间通常与子女教育的多个方面呈正相关关系。

教育驱动的搬迁是居住流动的模式之一[115][116]。在各地随迁子女教育政策改革的背景下,家庭为了谋求最合适的教育,偕同子女迁移到教育政策改革友好的城市[117][118]。当流入目的地城市的时间较短时,流动儿童要面对新环境造成的压力,与其他儿童相比更容易与父母发生争吵。较长的居住时间意味着家庭在流入地的稳定性较高,这为子女提供了一个更加连续和稳定的学习环境。稳定性对儿童和青少年的教育至关重要,有助于减少因频繁搬迁带来的中断和适应压力,从而有利于学业成绩的提高。有学者对住房负担能力对儿童发展和教育成果的影响进行了文献综述,强调了稳定住房对儿童福祉的重要性[119]。

随着居住时间的延长,家庭能够更好地融入当地社会,建立起必要的社会资本,包括与其他家庭和教育机构的联系。这种社会资本有助于父母获取关于教育资源的信息,为子女的教育提供支持和机会[120][121]。此外,居住时间较长的家庭更有可能了解和利用当地的教育资源,如优质学校、课外辅导和社区教育项目等。这些资源对子女的教育成就有直接的促进作用[122]。

然而,居住时间对教育的影响也受到政策环境的调节。在超大城市和一线城市,政策可能限制了流动人口家庭的子女在流入地接受教育的机会,如户籍制度的限制。在这种情况下,即使居住时间较长,由于随迁子女父母难以满足相应的居住证条件,缺乏入学资格和升学资格,子女的教育机会也可能受到限制。此外,居住时间与子女教育之间的关系并非线性,可能受到家庭经济条件、父母教育水平等因素的影响。例如,即使居住时间较长,经济条件较差的家庭也可能因为资源有限而难以为子女提供充足的教育支持[123]。

综上所述,流入地居住时间对子女教育的影响是多维度的,它与家庭稳定性、社会资本、教育资源获取以及政策环境等因素相互作用,共同决定了子女的教育机会和学业表现。

(三) 流入地家庭成员对子女教育的影响

1. 家庭成员结构对子女教育的影响

家庭分散被认为是一种对移民家庭有吸引力的策略[124],新迁移经济学理论和双重劳动力市场理论都为家庭分散的原因提供了解释[125]:家庭成员为了最大化收益和最小化风险,将从不同劳动力市场上获得的汇款用于家庭,形成家庭分散。由于随迁子女的择校与家庭居住登记的区位有关,对于父母缺席的家庭,为子女跻身中心城区获取优质教育资源的同时,通过家庭分离来实现收益最大化。这类家庭的分散是家庭策略的体现,可能以在中心城区购房、租房或投靠亲友等方式取得教育机会的优势,其中一方成员为了减少家庭支出和获取更大收益而主动或被动地与其他成员分开。研究发现,缺少父母双方陪伴的留守儿童在心理社会发展方面存在巨大缺陷,与父母一方留守和流动的儿童的行为问题由于家庭团聚和经济资源的改善而没有明显加剧[126]。

有学者通过分析家庭陪护方式对子女优质教育获得的影响,区分了四种家庭陪护结构的作用,发现父母均在当地工作的家庭,子女获得优质教育的机会最大,其次是父亲在本地但母亲在外地的子女,再次是母亲在本地而父亲在外地的子女,最后是留守儿童,其具有最低的优质教育入学机会[127]。

也有研究分析了流动儿童的社会适应及其影响因素和异质性,发现与父母同住以及居住在流动人口聚集区的流动儿童更能适应城市的生活[128]。流动家庭中父亲缺席会导致儿童受教育年限减少 0.342 年,但会被父亲缺席所带来的更好的家庭经济资本部分抵消[129]。值得注意的是,主动教育流动,即父母因重视子女教育而主动选择流动,能显著提升家长的教育期望和参与度，从而正向影响子女的学业能力[130]。

留守儿童由于亲子分离，面临亲情、家庭教育和监护三重缺失的困境。留守儿童与其他儿童相比存在更多孤独感和行为问题，并且与父母分离的时间越长，其对情绪和行为的消极影响越大[131]。与农村留守儿童相似，城市中也存在与父母分离的留守儿童。城市留守儿童指的是父母在一、二线城市工作或在国外生活，而将孩子留给生活在二、三线城市的祖父母或国内亲人照顾的儿童[132]。虽然城市孩子的物质生活条件相对优越，但留守家庭的异地分居、长期分离使家庭的教育功能和情感功能遭到极大的削弱[133]。这些对留守儿童的成长非常不利，可能导致他们在情感、心理和行为习惯上出现一些问题。研究显示，当母亲流动而父亲留守时，子女的教育会恶化，反之则会有所改善[134]。此外，父母照料的缺失导致的隔代抚养对儿童的学业成绩也有消极影响[135]。

2. 子女数量对子女教育的影响

资源稀释理论提供了一个框架来分析家庭规模对子女发展的影响，当家庭中有多个孩子时，父母需要在子女之间分配有限的资源，包括时间、金钱、关注等，每个孩子能够获得的资源可能会因为兄弟姐妹的存在而减少。研究发现，更多的子女数量会降低父母对子女的教育期望，从而减少家庭教育投资[136]。有学者将"二孩"家庭与有强烈生育意愿但受政策限制的独生子女家庭作对比[137]，发现相对于"二孩"家庭，在单个子女的教育支出方面，独生子女家庭花费更多。

也有研究持相反观点。不同于"数量—质量替代"模型认为的孩子数量增加则父母投入质量下降理论，有学者认为早年中国在严格的计划生育政策下，不存在生育数量选择而只有质量选择[138]。研究结果显示，多孩家庭通常收入非常高，与独生子女家庭相比，每年在每位孩子身上的教育花费高出 7 097.03 元。有学者针对"二孩"家庭教养方式的研究发现，尽管经济资源存在一定的稀释效应，但教育资源的分配并不会被稀释[139]。子女数量和结构对家庭教育支出的影响可以类比到流动家庭中，但影响路径和效应可能不同，如忽视了家庭内部的动态和个体差异，以及父母可能通过其他方式补偿资源不足的能力。此外,随着社会的发展和家庭结构的变化,如"三胎"政策的推行,子女结构对教育支出的影响也应当针对具体情况考虑。

五、户口类型对子女教育的影响

(一)户口类型对子女教育投入的影响

城乡家庭(即农村户口家庭与城市户口家庭)在子女教育投入方面存在显著差距。有学者指出教育投入包含货币性资源和非货币性资源,并从教育期望、教育支出和教育参与三个方面对比了我国城乡家庭的教育投入状况[140],发现在教育期望方面,城乡两类家庭对子女的教育期望都处于同等较高的水平;在教育支出方面,城市家庭的支出水平显著高于农村家庭,在课外教育补习方面的城乡教育支出差距最为明显;在教育参与方面,城市家庭对子女的教育参与更多,并体现在学习关怀和行为监督的互动上。该学者区分了城市家庭与农村家庭采取的不同教育模式,前者为"高教育期望+高课外补习支出+互动式参与",后者为"高教育期望+低课外补习支出+单向式参与",反映了城乡教育不平等的机制。

一项关于上海市各教育阶段子女教育支出的城乡家庭比较分析发现,城市家庭在子女小学到高中阶段的教育支出显著高于农村家庭,这种差异源于教育投资结构差异[141]。具体来说,城市家庭对子女的教育支出主要用于补课、兴趣班、家教和择校费等扩展性和选择性教育投资,学杂费和伙食费等则是农村家庭主要的教育支出内容。

(二)户口类型对子女教育参与的影响

在城乡家庭教育参与方面,由于城市父母与农村父母在教育水平、生活方式、观念习俗等方面存在差异,导致对子女的教养方式不同[142]。通常,城市父母会给予子女更多的情感需求回应,投入的时间和精力更多,教育方法也更为科学。有学者利用中国教育追踪调查数据研究了城乡家庭对子女教养方式的差异及其影响,指出农村家长重"严"轻"慈",即对孩子的日常行为规范和约束引导上表现严格,对孩子的情感和生活的关心与陪伴较少，而这种教养方式导致孩子非认知能力（心理与行为特质，包括耐心、毅力、自律、领导地位和社交技能等）的发展滞后于城市儿童[143]。

教育参与对认知能力也有持续重要的影响。梁文艳等研究了流动儿童父母教育参与对流动儿童认知能力的影响及其机制，结果显示，包括亲子交流、参观博物馆、参加家长会和主动联系老师在内的父母参与行为通过内化孩子的自我教育期望，对流动儿童的认知能力产生影响[144]。户口类型对流动儿童社会适应也有显著影响。研究发现，农村户口的流动儿童在流入地城市的社会适应比城市户口的流动儿童弱[145]。

除了城市户口与农村户口的区别，家庭层面的户口类型组合也会影响子女教育。根据父母的户口性质，家庭层面的户口类型被划分为农村户口、城市户口和双户口三类。双户口指的是家庭中父亲和母亲拥有的户口类型不同，一方为城市户口，另一方为农村户口[146]。双户口身份是流动人口家庭的 种战略工具，将权利扩展到居住之外，并为中国城乡发展的未来不确定性提供了保障。研究发现，与双农村户口家庭相比，同时具有农村资产所有权和城市居民身份的乡城迁移家庭，在住房和教育的竞争性资源方面体现出更高的优势。

六、本章小结

家庭经济禀赋是影响家庭对子女教育支出的重要变量。家庭社会经济地位通常包括家庭收入、父母受教育水平和父母职业等维度，均与子女的教育发展息息相关。社会经济地位对子女教育的投入、过程和结果都有深刻影响，通过教育期望、父母参与等影响子女教育成果，可能影响低社会经济家庭向上的社会流动，导致贫困的代际传递。据 CGSS 数据，2010 年与 2020 年，外来务工家庭的主观经济地位均不高。相比当地家庭，约一半的外来务工人员认为自己的家庭经济状况为"平均水平"，其次是"低于平均水平"。通过交叉表分析发现，不同经济条件的外来务工家庭在子女的学业表现评价上存在显著的差异。

在家庭文化资本方面，父母的受教育水平往往与他们对教育的重视程度和期望相关,这直接影响了父母对子女的教育支出或教育储蓄。在子女教育机会获得方面,高文化资本的家庭通常会参与孩子的教育实践,可以帮助子女获得更大的竞争优势。与家庭经济相比,家庭的文化资本对子女学业成绩的影响更为显著。家庭的学历及其文化资本能够积累继承,影响子代的学业成就。据 CEPS 数据,随迁子女父母的受教育水平普遍集中在初中及以下。父母学历为初中及以下时,其子女的学业表现明显处于中下水平;父母亲获得本科及以上学历时,其子女的学业表现显著上升。

在家庭职业禀赋方面,父母工作的稳定性对子女教育有重要影响。父母的职业类别代表了社会阶层和资本,父母的工作状况和社会职业地位可提供不同的社会资源和网络,进而为子女教育提供支持。据 CEPS 数据,随迁子女父母在就业领域的分布呈现出一定的集中性,在体力劳动和个体经营中的就业比例较高。随迁子女的母亲多就职于服务业,同时有一部分母亲并未参与劳动力市场。交叉表分析显示,父母的职业与随迁子女的学业水平之间存在显著的相关性。父亲和母亲是专业技术人员、高级管理者的子女有较大比例学业水平为"很好",父母是办事与服务人员、体力劳动者和个体经营户的子女在学业水平上的表现相对较差。

此外,频繁搬迁导致的居住不稳定会影响随迁子女的学业表现。在流动过程中,随迁子女损失了原居住地闭环的家庭关系和社会网络,在流入地获得不稳定、不封闭的社会网络,对教育成果有负面影响。流入地居住时间对子女教育的影响是多维度的,它与家庭稳定性、社会资本、教育资源获取以及政策环境等因素相互作用,共同决定了子女的教育机会和学业表现。主动教育流动能显著提升家长的教育期望和参与度,从而正向影响子女的学业能力。此外,城乡家庭在子女教育投入上存在显著差距。

第十章

住房分异对随迁子女教育的影响

住房分异涉及家庭住房权属、住房条件、住房区位和住房价格，以及与之有关的居住环境、教育资源分配和社会经济地位等方面。就近入学政策使住房选择与教育资源的可获得性密切关联。该关联不仅存在于我国，在其他国家也广泛存在，典型表现就是学区房。外来务工家庭，特别是新生代外来务工家庭对子女教育的需求已不仅限于"有学上"，更体现在"上好学"。就大部分城市而言，拥有对口学区住房产权的家庭优先享有公办学校入学资格。住房（产权、区位）与教育获得密切相关。本章基于文献研究，探讨住房分异对子女教育的影响。

一、住房产权分异对随迁子女教育的影响

家庭购买或租赁住房的决策过程体现了在家庭经济预算约束下，在住房与非住房消费中寻找效用最大化的商品组合过程。购房和租房存在价格和隐含权利方面的差异，如学区房。住房周边教育设施的数量、质量以及入学机会对家庭住房产权购买决策具有重要影响[147]。

（一）住房产权与教育机会

住房产权的分异决定了随迁子女的入学顺位和资格，甚至与落户政策一起，导致随迁子女升学资格的差异。在我国教育资源紧张的特大城市，有房产的家庭可享受更多的隐性福利，如落户和子女升学[148]。在部分城市，购房是具有经济能力的家庭实现流入地落户的手段。对于通过购房获得当地户籍的家庭来说，他们的随迁子女具备了在流入地参加中考的资

格,以及在流入地参加高考、报考普通高等院校的资格。家庭资本的优势可以通过选择居住地位置的方式来影响优质教育机会的获得,如通过购买优质社区住宅使家庭资本的优势转化为子女优质学校入学机会的优势[149]。

(二) 住房产权与学业表现

住房产权与儿童的学业表现密切相关[150],表现在:①拥有住房产权的家庭住房稳定性更高,可以维持社区环境对儿童学业持续支持的有效性;②拥有住房产权有利于保证家庭高质量的内部关系,从而有助于儿童的教育发展;③相比没有住房产权的家庭,有房家庭更可能具备包括强烈动机和特定目标在内的个体特质,类似于"有恒产者有恒心",有利于儿童的学习和成长。房屋所有权代表了住宅的稳定性,拥有住房的家庭通常表现出更理想的生活满意度和儿童教育成果[151]。生活在自有住房且住房稳定的儿童有更好的考试成绩。研究发现,家庭拥有住房可以显著改善子女的情绪和健康问题[152],而身心健康对子女的教育有积极影响。父母拥有自有房屋也与青少年的教育获得程度显著正相关,并能有效降低子女的犯罪率[153]。相比租房家庭,拥有住房产权家庭的子女更不容易辍学[154]。

二、住房条件分异对子女教育的影响

随着城市化进程的加快,越来越多的家庭选择流动,寻求更好的生活和工作机会。住房条件作为家庭环境的重要组成部分,对随迁子女的教育有着不可忽视的影响。住房不仅承担了作为居住空间的物理功能,还承担了一定的心理和社会功能[155]。住房条件对儿童学业表现的影响分为直接影响和间接影响两个方面。

(一) 直接影响

不利的住房条件通过影响儿童的身体健康来影响儿童的认知发展和学业成绩。具体表现在,空间大小直接影响儿童的学习环境,狭小的空间可能会限制儿童的活动范围,影响学习效果;良好的光线和通风条件有助于保护儿童的视力和身体健康,同时也是高效学习的必要条件。住房周边的噪声水平会影响儿童的注意力集中,进而影响学习效果。一项针对德国家庭的研究发现,暴露于恶劣住房条件对儿童的身心健康均有消极影响,这种影响在社会经济较低的家庭中效应更强[156]。生活在过度拥挤、噪声水平高的住房中会使儿童获得较差的考试成绩[157]。一项针对拉丁美洲的研究显示,过度拥挤对孩子学业表现的消极影响超过了母亲教育水平、某些学校因素和家庭特征[158]。台湾的一项研究发现,住宅面积和住宅稳定性的增加与子女的高中入学率和大学入学率显著正相关,但房龄和住房拥挤有负向影响[159]。

(二) 间接影响

住房条件通过对父母和儿童的心理健康以及学习氛围的影响而影响儿童的认知和行为习惯,进而影响学业表现[160]。具体表现在以下几个方面。

(1) 家庭氛围。住房条件往往与家庭经济状况相关,经济压力可能导致家庭氛围紧张,影响儿童的心理健康,进一步影响儿童的教育表现。

(2) 社区环境和邻里质量。安全、和谐的社区环境有利于儿童的健康成长,可能间接影响其学业表现。住所环境(自来水、住房设施、住宅类型)和社区环境(社区安全、整洁、污染、设施)与青少年的健康显著正相关,居住环境通过提高青少年的心理与文化适应能力,改善青少年的健康状况[161]。

此外,住房条件分异关系到家庭社会经济地位的代际传递和家庭阶层再生产。与没有经历过住房困难的儿童相比,经历过住房困难的儿童在语文和数学成绩上的优秀比例分别降低 7.72% 和 9.83%,在课外辅导上的参与比例降低 6.84%[162]。

三、住房区位分异对子女教育的影响

(一) 就近入学影响住房区位选择

受就近入学政策影响,在义务教育阶段,实施单校划片和多校划片。在高中教育阶段,虽然招生入学按中考分数择优录取,但住房区位选择是家庭择校的一种策略。具体来说，各区县有招生资格的高中将招生计划合理分配到各个初中，即名额分配，这是初中应届毕业生最常用的升学方式。通常，除了省、市属普通高中以外，区属普通高中名额分配只面向本区内的初中学校[163]，这可能会影响家庭对居住地的决策，尤其是希望子女进入特定高中的家庭。此外，各区县的优质学校数量和学生人数也会影响家庭的居住地选择。在优质学校少、学生人数多的地区，在固定名额分配比例和学校学位数量限制下，升学竞争压力较大。

居住在拥有高质量教育资源地区的家庭，子女享有更好的教育机会和学习环境。优质教育资源的空间分布影响着家庭对居住区位的选择，越来越多的家长将学校选择纳入居住地的决策中[164]。不同类型的教育设施通过学校质量和可及性影响房价，而购房者对不同区位的教育资源有不同的偏好[165]。家长对附近同时有高质量小学、初中和高中的居住地的支付愿望非常强烈，而小学的质量起到至关重要的作用[166]。家庭为争夺优质教育资源在学区内选择住房，导致教育空间配置不均衡与居住分异相互作用，可能导致进一步的社会阶层分化[167]。家庭倾向于选择社会经济地位高的学区住房[168]。让处境不利的学生进入高阶层、高质量、高社会经济地位的学校学习，有助于改善与家庭背景相关的教育结果不均等的状况[169]。

（二）住房区位分异影响子女教育

居住区位也代表了居住环境和邻里质量，这些维度的分异会影响子女教育。在美国，父母希望住进郊区社区以保证子女进入符合他们期望的学校，实现住房与学校的"一揽子交易"[170]。这是因为中心城区虽然拥有设施齐全和通勤时间短的优势，但缺乏对儿童友好的住宅环境[171]，而郊区有更多的绿地和更好的学校，适合儿童的成长。一项对美国俄亥俄州的研究发现，居住区内有年长的邻居有助于提高儿童的生活质量，增强儿童的社会资本，而通过增强社会资本，有可能促进儿童的福祉[172]。购房者偏好学校质量和社会经济地位较高的社区，并愿意为此支付溢价[173]。不同居住区域的社会资本可能影响子女的教育机会。居住在社会资本丰富的社区，子女可能更容易获得教育信息和支持[174]。

我国学者研究发现，居住在中心城区会显著提升青少年的学业成绩，主要通过社区环境与邻里人口来实现[175]。相比流动青少年，居住在中心城区对本地青少年的学业成绩的积极影响更为明显。与农村社区相比，生活在城区的孩子语言能力更强，表现出更好的社会适应。良好的邻里环境通过提供榜样作用来激励家长对儿童教育期望和教育参与的提高，进而提高儿童的学习成绩[176]。关系和睦的社区对孩子的学业成绩不仅有积极影响，还会显著提升家长的教育参与和教育期望[177]。此外，住房和社区的品质越高，流动儿童的社会适应越好[178]。居住在商品房社区能提高青少年的认知能力[179]。流动儿童在流入地的社会适应会影响其学校融入，从而影响其学业表现。

四、住房价值分异对子女教育的影响

住房是家庭财富的重要组成部分。一方面，住房作为固定资产，在财务上提供了稳定性；另一方面，住房价格的波动直接影响家庭财富的评估。住房价格的上涨为房产所有者带来了显著的未实现资本增值，并可在未来出售或再融资时转化为实际收益。住房价值对子女的教育表现有着直接影响。有学者利用 CFPS 数据研究了住房稳定性、自有住房产权、自有住房数量以及现有住房价值对子女学业表现和认知能力的影响[180]，发现自有住房的市场价值对义务教育阶段子女的认知能力有显著的积极影响。自有住房的价值越高，子女的字词识记能力和数学计算能力越强。该学者认为，在义务教育就近免试入学政策下，较好的学区房意味着高昂的住房价格，导致子女能获得的教育质量与自有住房的价值密切相关。

家庭住房价值的上升可增加家庭的财富，从而通过缓解信贷约束和产生财富效应，提高父母对子女教育的支出。教育支出作为重要的人力资本投资，其支出差距很可能成为固化社会阶层、加剧社会不平等的重要原因[181]。住房财富对校外和校内教育支出都有显著积极的影响，并且当子女处于低龄教育阶段，在受教育程度较低的家庭以及工作稳定的家庭中，住房财富对教育支出的影响更大[182]。研究发现，住房财富的增加虽然促进了家庭的教育投入，但对高收入家庭影响较小，中等收入家庭的住房价值对教育支出有显著的资产效应[183]。住房价值分异及其对子女教育支出的影响可能拉大优势群体和劣势群体在教育资源积累方面的差距，影响了子代人力资本的累积。拥有住房的群体得以更快地积累财富并投资于子代教育，导致阶层进一步分化。

五、本章小结

购房和租房存在价格和隐含权利方面的差异。住房产权的分异决定了随迁子女的入学顺位和资格，甚至与落户政策一起，导致随迁子女升学资格的差异。住房产权与儿童的学业表现密切相关，房屋所有权代表了住宅的稳定性，拥有住房的家庭通常表现出更理想的生活满意度和儿童教育成果；拥有住房产权有利于保证家庭高质量的内部关系，有助于儿童的教育发展。研究发现，家庭拥有住房可以显著改善子女的情绪和健康问题，而身心健康对子女的教育有积极影响。

住房条件作为家庭环境的重要组成部分，对随迁子女的教育有着不可忽视的影响，对子女学业表现的影响分为直接影响和间接影响两个方面。不利的住房条件通过影响儿童的身体健康直接影响儿童的认知发展和学业成绩，以及通过对父母和儿童的心理健康以及学习氛围的影响而间接影响儿童的认知和行为习惯，进而影响学业表现。此外，住房条件分异关系到家庭社会经济地位的代际传递和家庭阶层再生产。

住房区位选择是家庭择校的一种策略。居住在拥有高质量教育资源地区的家庭，子女享有更好的教育机会和学习环境。优质教育资源的空间分布影响着家庭对居住区位的选择，越来越多的家长将学校选择纳入居住地的决策中。居住区位也代表了居住环境和邻里质量，这些维度的分异将影响子女教育。

住房价值是家庭财富的重要组成部分，对子女的教育表现有着直接影响。自有住房的市场价值对义务教育阶段子女的认知能力有显著的积极影响。家庭住房价值的上升可增加家庭的财富，从而通过缓解信贷约束和产生财富效应提高父母对子女教育的支出。住房价值分异及其对子女教育支出的影响可能拉大优势群体和劣势群体在教育资源积累方面的差距，影响子代人力资本的累积。

第四部分

政策分析与展望

第十一章

随迁子女教育、住房与社会融入

随着家庭化迁移趋势日益明显,外来务工家庭对流入地住房、教育、医疗等公共服务的需求明显增加。子女教育与住房对流动人口融入当地至关重要,本章将探讨随迁子女教育及住房对外来务工家庭社会融入的影响。

一、外来务工家庭的社会融入

融入被视为一种同化,是社会排斥和隔离的对立面[184]。社会融入是个人、群体和文化之间相互合作和适应的过程[185]。移民的社会融入包括逐步同化和减少排斥,以及主观期望和客观接受城市的统一。通过这种同化,当地居民和移民相互接触并构建相互关系[186]。外来务工人员的社会融入是一个漫长的过程,受到人口和社会经济特征、移民特征和制度等多重因素的影响。年轻移民极有可能融入当地社会。教育水平、收入和当地居民朋友的数量与社会融入正相关,但生产线工作会降低外来务工人员的社会融入程度。同时,距离也是一个负面因素,加上语言、社会规范和当地习俗的挑战,可能会阻碍移民融入当地社会[187]。与农村户口的移民相比,非农村户口的移民由于受过更好的教育、熟悉城市环境,可能拥有更多融入当地社会的有利条件。农村移民在其所在城市的经济和社会融入方面经常遇到障碍,这构成了过去十年中国城市化的一个重大挑战[188]。

近年来,流动人口家庭化迁移已成为主要趋势。独自迁移的流动人口占比仅约 22%;一些家庭成员一起迁移,一些家庭成员留在家乡,即半家庭化迁移占比约为 27%;而配偶双方及其所有年幼子女共同居住在同一目的地城市的家庭化迁移占比高达约 51%[189]。社会融入被视为移民发展的最终目标。流动人口的社会融入包含经济、文化、社会关系、心理等多个方面。外来务工人员通常缺乏归属感,很难融入当地生活。

笔者团队基于 2018 年 CMDS 数据研究发现,有一半的已婚外来务工人员的社会融入程度处于中等水平[190]。在社会融入的四个维度(经济融入、文化融入、社会关系融入和心理融入)中,已婚外来务工人员的心理融入程度最高,其次是经济融入、社会关系融入和文化融入[191]。约 77% 的受访者认为自己是当地人,约 93% 的受访者表示当地人接受他们成为其中一员。笔者团队还发现,不同等级城市已婚外来务工人员的社会融入程度不太相同。已婚外来务工人员社会融入程度由高到低依次是:二线城市、三线城市、一线城市。整体上看,三个级别城市已婚外来务工人员的社会融入程度均为中等。

就经济地位而言,超过一半的已婚外来务工人员认为与在本地的亲戚、朋友和同事相比,自己的经济地位处于中等或偏上水平。有意思的是,不同等级城市已婚外来务工人员对自身主观经济地位的评价相似,多评价为中等水平。就社会交往而言,绝大多数的已婚外来务工人员认为自己或家人与本地人相处得较为融洽或很融洽。一、二、三线城市已婚外来务工人员中认为自己或家人与本地人相处得比较融洽的比例最大,还有一部分指出自己或家人与本地人来往很少。就文化认同而言,绝大多数的已婚外来务工人员认为保持家乡的生活方式(如饮食习惯)比较重要。一、二线城市已婚外来务工人员对保持家乡生活方式的重要性持中立态度的比例最大,三线城市的已婚外来务工人员则是表示同意保持家乡生活方式的占比最大。就社会认同而言,近 80% 的已婚外来务工人员认为自己不是本地人,只有 21.4% 的已婚外来务工人员认为自己是本地人。在一线、三线、二线城市,认为自己不是本地人的已婚外来务工人员占比依次递减。二线城市已婚外来务工人员对自己的社会认同感最强。

二、随迁子女教育对社会融入的影响

移民家庭的社会融入对政府构成了巨大的挑战[192]，移民家庭融入学校等公共服务系统已成为突出的城市政策问题。国内外政府都在极力缓解移民子女与当地儿童在城市教育系统中的隔离。在城镇化进程中，迁移劳动力完全融入城市社会可能需要几代人的时间。第一代农民工的后代已大量进入城市劳动力市场，成为新生代农民工。与第一代农民工不同的是，他们缺乏农村生活经验，更熟悉城市生存法则，因而市民化需求更迫切。然而，由于自身知识及技能的缺失，新生代农民工大多与父辈一样无法摆脱成为城市廉价劳动力的命运[193]。受城镇化资产收入脱节、非户籍人口市民化任务重、财政资金压力明显、城市转型与人口素质矛盾等因素的制约，进城务工人员随迁子女教育问题已成为新时代影响教育公平的重大现实问题[194]。

根据教育部相关文件定义，进城务工人员随迁子女是指户籍登记在外省（区、市）、本省外县（区）的乡村，随务工父母到输入地的城区、镇区（同住）并在校接受义务教育的适龄儿童少年。据教育部统计，2022年，义务教育阶段在校生中进城务工人员随迁子女达1 364.68万人，相比2021年的1 372.41万人略有下降。其中，在小学就读969.85万人，在初中就读394.83万人。大量的随迁子女面临接受义务教育入学难、异地中考准入条件高、选择空间小等问题。随着高中教育的普及，异地中高考问题日益凸显。

一项针对贵阳市流动儿童的研究发现，尽管越来越多的流动儿童能获得更好的教育机会，但与来自城市地区的同龄人相比，他们的学业成绩仍然相对较差[195]。即使在同城待遇的政策背景下，外来务工父母在人力资本方面的弱势仍可能代际传递给后代，造成随迁子女在城市社会中处于弱势状态，导致难以实现社会融入。城乡巨大的文化差异以及群体间的利益冲突使随迁子女可能面临严重的偏见与歧视，进而出现系列心理问题，不利于他们融入当地社会。

对子女随迁的流动家庭来说，能否很好地解决子女教育问题是其融入城市的首要考量,学校类型和教育支出对外来务工家庭的社会融入产生重要影响[196]。相比进入公办小学,选择民办农民工子弟学校的随迁子女在教育融入和总融入度方面呈现更高的水平,但心理融入程度较低。选择公办农民工子弟学校的随迁子女在总融入度方面表现更好。子女随迁的乡—城流动家庭更关注子女的教育,愿意以更高的教育支出换取更优质的教育资源,也侧面反映了其对子女教育质量的心理认同度较高。

流动儿童对新环境的适应程度是流动家庭社会融入的一个重要指标。如果子女难以融入城市,流动家庭很难对城市产生归属感[197]。家里有良好学习环境,有父母严格监管的外来务工人员子女对学校有更强的归属感,与当地同龄人的社交情况也更好。有效的家庭监督有助于儿童练习社交技能,这些技能可用于在学校与同伴建立良好的人际关系[198]。此外,有父母监管的儿童懂得如何规范自己在学校的行为,知道自己在参加学习和社交活动时应该做什么。随着时间的推移,这种价值观会从父母传递给子女。子女可能会认同父母的价值观,也可能会对父母致力于子女教育的行为产生感激之情。最终,子女会对教育形成一种积极的态度,这有助于他们适应新的环境,从而更好地融入当地。

研究还发现,那些经常召开家长会的学校能显著提高流动儿童的归属感。学校应积极与外来务工家长联系,帮助随迁子女适应新环境。流动儿童刚开始接受教育或从小学过渡到中学时,可能会因为接触新环境而感到有压力。与城市儿童相比,许多乡—城流动人口的子女并不是在城市学校开始接受教育,而是在他们长大后随父母流入城市地区才开始接受城市学校的教育[199]。流动儿童对教育政策的认同对其心理资本有显著的积极影响[200]。

三、住房对社会融入的影响

世界各大城市普遍面临类似的住房危机,即住房需求增加、房价上涨、收入两极分化加剧及中低收入居民住房负担加重[201]。由于产权边缘化、住房质量差以及市场空间封闭等原因,移民的住房问题,包括住房所有权、住房条件、住房流动性等引起了国内外学者的广泛关注。住房特征包括住房类型、住房产权、住房面积、住房价格、住房区位、社区类型、住房稳定性等,对流动人口的社会融入具有重要影响。

(一) 住房类型对社会融入的影响

笔者团队研究发现,租房往往不利于流动人口融入当地社会,拥有住房产权的外来人口通常具有较高的融入程度;非正规住房对已婚外来务工人员的社会融入程度具有显著的负面影响。已婚外来务工人员由于住房压力选择在城中村或棚户区居住,然而这些住房存在设施不足、住房拥挤、缺乏私密性等问题,对他们的社会融入造成负面影响[202]。从居住在非正规住房、私人出租房、公共出租房、非正规自有住房、私人自有住房到公共自有住房,移民的社会融入程度不断提高[203]。自有住房和公共住房对移民社会融入的积极影响在一线城市和产业结构成熟、房价收入比高的城市显著增强。

近年来,以伦敦和纽约为代表的国际大城市试图将住房政策重新聚焦于经济适用房,并出台了专门针对公共服务和技术工人的经济适用房政策,更加强调混合家庭社区的应用,以缓解社会隔离状况。居住在经济适用房计划社区的移民的社会融入程度明显高于居住在其他社区的移民[204]。住房产权对移民其他维度的社会融入也具有影响。自有住房对农民工形成城市身份认同有显著正向影响,但政策性住房对农民工城市身份认同的影响不显著,可能是因为当前以公租房为核心的农民工住房保障政策未能发挥有效作用。在流入地拥有自有产权房的流动人口其心理融入程度更高[205]。

(二) 住房压力对社会融入的影响

笔者团队研究发现,已婚外来务工人员的住房负担能力与社会融入存在显著的正相关关系。在流入地的住房支出与收入比小于或等于 0.3 的已婚外来务工人员在当地社会的融入程度往往较高。一线城市已婚外来务工人员的住房压力最大,社会融入程度最低。然而,住房压力对已婚外来务工人员社会融入的影响仅在一线城市和三线城市显著,这可能是由他们的居住预期和城市特定因素造成的。

较高的房价和房租极大地阻碍了流动人口融入当地。住房价格对移民的社会融入具有重要影响。房租上涨大大减少了移民的非住房消费,并导致他们的社会融入状况恶化,且房租上涨对男性移民、拥有高中或以上学历的老年人以及服务业从业者的社会融入影响更大。此外,房租上涨加剧了移民与当地居民之间的居住隔离[206]。由于收入低、房价高,外来务工人员普遍面临各种形式的住房问题,如住房设施不完善、住房面积不足等。过度拥挤和环境恶劣不利于外来务工家庭积累人力资本和社会资本、获取信息和机会以及融入城市主流生活,进而加剧社会分割和贫富分化。

(三) 社区类型对社会融入的影响

从国际经验来看,住房边缘化导致了移民的社会融合水平低下,移民与当地人缺乏交流,会产生一定的社会距离和心理距离,形成疏离、分离、排斥甚至敌视的状态。一般来说,居住隔离程度越高,不同社会群体之间的交流就越少。而相互融合越困难,弱势群体进入主流社会的机会就越少[207]。住房是迁移者融入当地社会和实现持久性迁移的基本条件,也是农民工融入城市、实现市民化进程中必须解决的关键问题。此外,配偶子女随迁或举家迁移会通过改善住房状况,进而促进农民工的社会融入[208]。

社区是影响居民社会融入的重要场域,邻里关系可能会促进社会支持。正规社区的流动人口的社会融入水平整体高于非正规社区的流动人口。保障房社区居民的整体社会融入水平最高,其次为老公房社区,再次为商品房社区,动迁安置房社区最低[209]。尽管保障房社区居民在经济水平方面表现出了劣势,但保障房社区内外来人口的社会文化融入具有优势,能有效改善外来租赁人口在当地社会的融入情况[210]。

(四) 建成环境对社会融入的影响

社区建成环境的改善对居民的社会融入具有积极影响。客观可达性越好,居民的整体社会融入水平越高,而物业管理水平低的社区内居民的整体社会融入更好。良好的社区环境和社区管理服务可以促进流动人口与本地居民的联系和交往,帮助其更好地融入当地[211]。研究发现,居住在本地人较多的社区,以及积极参与社区活动的流动人口具有更高的融入水平。流动人口与户籍人口达成居住空间邻近性,能够显著提升其心理融入水平,并呈现正相关的关系[212]。

(五) 住房区位对社会融入的影响

在住房区位方面,城市内部社会融入存在空间差异。居住在郊区的移民不仅收入低于中心城区的移民,而且也不太可能构建群体间和多元化的社会关系来帮助他们展望未来[213]。更糟糕的是,他们几乎没有机会搬到资源更丰富的中心地带,反而很可能被困在郊区。但也有研究发现,居住在中环至外环居民的社会融入水平反而最高,居住在内环至中环居民的社会融入水平最低。一项针对长三角地区失地农民的研究发现,住房区位越有优势,其社会融入程度越高[214]。流动人口在劳动力市场上遭受就业排斥,住房机会有限以及居住空间边缘化,导致他们无法顺畅地实现与本地居民的居住融入[215]。

四、本章小结

外来务工家庭的社会融入包含经济融入、文化融入、社会关系融入和心理融入等多个方面。基于 2018 年 CMDS 数据分析,发现有一半的已婚外来务工人员的社会融入程度处于中等水平,心理融入程度最高,其次是经济融入、社会关系融入和文化融入。此外,不同等级城市已婚外来务工人员的社会融入程度不太相同。就经济地位而言,超过一半的已婚外来务工人员认为与本地的亲戚、朋友和同事相比,自己的经济地位处于中等或偏上水平。就社会交往而言,绝大多数的已婚外来务工人员认为自己或家人与本地人相处得较为融洽或很融洽。就文化认同而言,绝大多数的已婚外来务工人员认为保持家乡的生活方式比较重要。就社会认同而言,只有21.4％的已婚外来务工人员认为自己是本地人。

在城镇化进程中,迁移劳动力完全融入城市社会可能需要几代人的时间。对外来务工家庭来说,能否很好地解决子女教育问题是影响其融入城市的首要因素。学校类型和教育支出对外来务工家庭的社会融入有重要影响。相比进入公办小学,选择民办农民工子弟学校的随迁子女在教育融入和总融入度方面呈现更高的水平,但心理融入水平较低。子女随迁的乡—城流动家庭更关注子女的教育,愿意以更高的教育支出换取更优质的教育资源。流动儿童对新环境的适应程度是流动家庭社会融入的一个重要指标。

在住房方面,租房往往不利于外来务工家庭融入当地,拥有住房产权的外来务工家庭通常具有较高的融入水平。非正规住房对已婚外来务工人员的社会融入水平具有显著的负面影响。从居住在非正规住房、私人出租房、公共出租房、非正规自有住房、私人自有住房到公共自有住房,外来务工家庭的社会融入程度不断提高。自有住房和公共住房对外来务工家庭社会融入的积极影响在一线城市和产业结构成熟、房价收入比高的城市显著增强。此外,已婚外来务工人员的住房负担能力与社会融入存在显著的正相关关系。一线城市已婚外来务工人员的住房压力最大,社会融入水平最低。较高的房价和房租极大地阻碍了流动家庭融入当地。社区是影响居民社会融入的重要场所,邻里关系可能会促进社会支持。良好的社区环境可以促进外来务工家庭与本地居民的交往,使其更好地融入当地。在住房区位方面,城市内部社会融入存在空间差异。

第十二章

不同级别城市入学政策

在流入地,外来务工家庭随迁子女在某些教育节点面临较大的挑战,主要包括小学入学、中考升学以及在当地参加高考。鉴于此,本章对我国不同级别城市随迁子女入学政策进行了详细介绍及讨论,包括随迁子女入学政策改革历程,各级城市针对随迁子女出台的义务教育阶段入学政策、中考政策、高中入学政策,以及高考政策。

一、随迁子女入学政策改革历程

随着城镇化和工业化进程的加快,人口流动规模增长趋势明显,随迁子女规模也大幅增加,这对城市接纳随迁子女以及城市教育资源规划提出了前所未有的挑战。在 20 世纪 90 年代,随迁子女的受教育权利与户籍制度挂钩,无法享受与本地学生同等的城市公办教育。各种民办简易学校、打工子弟学校如雨后春笋般建立。由于这些学校的教育质量和随迁子女家庭的教育需求不匹配,随迁子女教育议题逐渐引起了社会关注。中央和地方政府在随后几十年间陆续出台政策,保障外来务工家庭随迁子女在异地的入学和升学。

(一) 义务教育阶段入学政策改革历程

随迁子女的义务教育政策经历了从"两为主""两纳入"到"同城化"的三次变迁,在责任主体、教育财政和就学途径方面不断深化。

1998 年,教育部和公安部联合颁布《流动儿童少年就学暂行办法》,规定可依法举办专门招收流动儿童少年的学校。这是中国第一个针对流动儿童教育的法规政策，奠定了流动儿童教育的基本框架。此后，打工子弟学校大量涌现。

2001年，为了响应随迁子女越来越高的教育诉求，国务院发布《关于基础教育改革与发展的决定》，提出了"两为主"政策。明确随迁子女义务教育阶段的异地就学以流入地区政府管理为主，以全日制公办中小学为主，采取多种形式，依法保障流动人口子女接受义务教育的权利。"两为主"政策奠定了随迁子女入学政策的基本框架。此后，我国陆续发布多项文件，要求流出地政府积极配合流入地政府做好随迁子女义务教育入学工作。

2006年，《中华人民共和国义务教育法》明确规定，父母或者其他法定监护人在非户籍所在地工作或者居住的适龄儿童、少年，在其父母或者其他法定监护人工作或者居住地接受义务教育的，当地人民政府应当为其提供平等接受义务教育的条件。从法律层面明确了流入地政府的责任。

2014年，《国家新型城镇化规划（2014—2020年）》提出将农民工随迁子女义务教育纳入各级政府教育发展规划和财政保障范畴，即"两纳入"政策。同年，国家着力推进户籍制度改革，提出建立城乡统一的户籍登记制度及与之相适应的教育制度。

2015年，《国务院关于进一步完善城乡义务教育经费保障机制的通知》要求全国各地推进"两免一补"政策，即对城乡义务教育学生免除学杂费、免费提供教科书、对家庭经济困难寄宿生补助生活费，明确了"两免一补"经费随学生流动可携带，旨在保障随迁子女的义务教育权利，确保他们能够在流入地获得与当地学生相同的教育支持和资源。

2016年，国务院颁布《国务院关于统筹推进县域内城乡义务教育一体化改革发展的若干意见》，建立以居住证为主要依据的随迁子女入学政策，统一推动"两免一补"资金和生均公用经费基准定额资金可随着学生流动。这项政策进一步强化了流入地政府的责任，同时缓解了地方政府对随迁子女教育管理的压力。教育部要求，从2021年起，各地精简不必要的入学证明材料，鼓励有条件的地方仅凭居住证入学[216]。

2019年，中共中央、国务院印发的《中国教育现代化2035》要求流入地政府结合实际情况增设中小学学位,推进随迁子女入学待遇同城化;要求完善流动人口子女异地升学考试制度,健全符合条件的随迁子女在流入地参加中高考政策;强调提升义务教育均等化水平,建立学校标准化建设长效机制,推进城乡义务教育均衡发展。

2021年,教育部发布《关于督促进一步做好进城务工人员随迁子女就学工作的通知》,要求学位资源相对紧张的人口集中流入地区,按照常住人口增长趋势,进一步加强城镇学校建设,扩大学位供给,满足当地户籍适龄儿童和随迁子女入学需求,确保应入尽入、就近入学。2023年,进城务工人员子女就读公办学校(含政府购买学位)的比例超过95%。

(二)异地中考升学政策改革历程

由于户籍制度限制,不少随迁子女只能放弃在流入地接受教育或返乡就读,极大地阻碍了随迁子女教育的连续性。随迁子女在流入地接受义务教育后的异地升学问题受到社会广泛关注,国家和地区开展了一系列政策改革。

2010年,《国家中长期教育改革和发展规划纲要(2010—2020年)》提出,坚持以输入地政府管理为主、以全日制公办中小学为主,确保进城务工人员随迁子女平等接受义务教育,研究制定进城务工人员随迁子女接受义务教育后在当地参加升学考试的办法。该纲要的出台拉开了随迁子女异地升学政策制定和优化的序幕。

2012年,教育部等部门发布了《关于做好进城务工人员随迁子女接受义务教育后在当地参加升学考试工作的意见》,要求保障随迁子女公平受教育机会和升学机会。明确要求各地政府根据进城务工人员在当地合法稳定职业、合法稳定住所(含租赁)和按照国家规定参加社会保障年限以及随迁子女在当地连续就读年限等情况,因地制宜制定随迁子女在当地参加升学考试的具体政策。这一国家政策为各地政府制定随迁子女异地升学政策指明了方向。

2014年,国务院发布了《国务院关于进一步推进户籍制度改革的意见》,提出逐步完善并落实随迁子女接受义务教育后参加升学考试的实施办法。要求各地要把随迁子女纳入区域教育发展规划，推动随迁子女在流入地接受教育并升学。要求各省份因地制宜合理确定随迁子女入学政策，保障他们平等接受教育。提出建立居住证制度，结合随迁子女在当地连续就读年限等情况，居住证持有人逐步享有随迁子女在当地参加中考和高考的资格。

2022 年，教育部发布《教育部办公厅关于进一步做好普通中小学招生入学工作的通知》，要求深入推进"两为主、两纳入、以居住证为主要依据"的随迁子女义务教育入学政策，加快推进随迁子女在公办学校或以政府购买民办学校学位方式入学就读。要求认真落实随迁子女接受义务教育后在流入地参加中考政策，对回户籍地参加中考的随迁子女，户籍地和流入地教育行政部门要妥善做好考试招生报名服务工作，保障随迁子女能在户籍地顺利参加中考。

（三）随迁子女入学政策类别

积分制入学和材料准入制入学是两种针对随迁子女在流入地接受教育的入学方式。这两种方式旨在为随迁子女提供更加公平的教育机会，同时考虑了流入地教育资源的承载能力。

积分制入学是根据流动人口参加积分管理累计的分值和当年度公办学校起始年级（小学一年级和初一年级）的可供学位数，分学校或区域按积分由高到低的顺序安排适龄儿童进入义务教育阶段公办学校就读的入学管理办法[217]。与积分入户制改变随迁子女户籍，从而获取与本地学生同等入学资格的方式不同，积分入学制允许达到各地划定的积分标准的非户籍随迁子女家庭申请入学。最早实施积分制入学的城市是广东省中山市，在政策示范下，逐渐推广到珠三角其他地区和长三角地区。目前，采取积分制入学的城市包括上海、深圳、苏州、杭州、广州、佛山、成都、重庆等。

积分指标体系通常包括基础指标、加分指标、减分指标和一票否决指标，累计积分需要量化评估随迁子女家庭的多个方面。实行积分制入学的城市对积分指标体系的规定有所差异。以上海为例，基础指标基于家庭的基本条件，包含年龄、教育背景、职称、工作年限及社保缴纳年限等[218]。加分指标基于家长的社会贡献和其他积极因素。创业型、紧缺型和特定领域、特定区域以及获得表彰奖励的各类人才会获得额外加分。减分指标包括提供虚假材料以及犯罪记录等，对于有严重犯罪记录的人员，则取消积分资格。

积分制入学的优点在于透明性和可预测性，家长可以提前了解自己的积分情况。挑战在于如何确保积分标准的公平性和合理性，以及如何处理积分相近家庭的入学问题。

材料准入制入学指的是随迁子女家庭提交一系列流入地教育行政部门规定的材料，由相关部门鉴定审核资料的完备性和真实性，以决定其子女进入公办学校资格的制度。实施材料准入制入学的城市包括北京、合肥、昆明、武汉、长沙、郑州、济南、南京、西安等[219]。

根据各城市要求，随迁子女入学申请所需提交的材料有所不同。通常包括但不限于：①家庭户籍证明；②家长在流入地的居住证明，如居住证或租房合同；③家长在流入地的就业证明，如劳动合同或营业执照；④社会保险缴纳证明；⑤随迁子女的学籍证明或在校证明；⑥预防接种证明等健康相关证明。部分条件严格的城市甚至需要证件的原件。

材料准入制入学的优点在于直接性和简便性，家长只需按照要求提交材料即可。挑战在于如何确保材料审核的效率和公正性，以及如何处理材料不齐全或不符合要求的情况。

积分制入学和材料准入制入学都是为随迁子女提供教育机会的重要方式。在实施积分制入学的城市，随迁子女申请入学时，可能也需要同时提供相关证明材料。例如，上海市普陀区随迁子女申请入学需要携带户口簿、父母身份证、子女出生证、父母一方的有效上海市居住证和缴纳社保证明、子女有效的上海市居住证以及普陀区有效居住证明（产权证或租赁合同）等证件的原件[220]。两种方式各有优势和挑战，需要教育部门、学校和社会各界共同努力，不断优化和完善这些制度，以确保随迁子女能够在流入地享受到公平、高质量的教育。

二、各级城市随迁子女义务教育入学政策

根据各级城市的落户政策，城区常住人口300万以上的城市基本全面取消落户限制，随迁子女可无门槛落户，享受和户籍子女同等的入学资格。因此，本节根据城区常住人口划分城市级别，梳理城区常住人口300万以上城市的随迁子女义务教育阶段入学政策（见表12-1）。

表12-1　随迁子女义务教育入学条件　　　单位：年

城市级别	城市	居住证	社保	合法稳定就业证明	合法稳定住所证明	户籍证明	连续居住	材料准入	积分入学
超大城市	上海	√	0.5						√
	北京（东城区）	1	1	1	1	√		√	
	深圳	√	1				1		√
	重庆（渝中区）	√		0.5	√	√	0.5	√	
	广州	1							√
	成都	√	0.5	√	√		0.5	√	√
	天津（和平区）	√	√	0.5	0.5	√			
特大城市	武汉	√		√					
	东莞	√							√
	西安	√		√	√	√		√	
	杭州	√							√
	佛山	√							√
	南京	1	1	√	√	√		√	
	沈阳（和平区）	√			√	√		√	
	青岛	√	0.5	0.5	0.5			√	
	济南（高新区）	0.5	0.5	0.5	√	√		√	√
	长沙	1	1	1	1	√		√	
	哈尔滨	√				√		√	
	郑州	√		√				√	

（续表）

城市级别	城市	居住证	社保	合法稳定就业证明	合法稳定住所证明	户籍证明	连续居住	材料准入	积分入学
	昆明	✓		✓	✓	✓		✓	
	大连	✓			✓	✓		✓	
Ⅰ型大城市	南宁	✓		✓	✓	✓		✓	
	石家庄	✓		✓	✓	✓		✓	
	厦门	✓					0.5		✓
	太原(迎泽区)	1	1	✓		✓		✓	
	苏州	✓	✓			✓	1		✓
	贵阳	✓		✓					✓
	合肥	0.5		✓		✓		✓	
	乌鲁木齐	✓		✓	✓	✓	0.5		
	宁波(海曙区)	✓	0.5		0.5			✓	✓
	无锡	0.5	0.5	0.5				✓	
	福州	0.5				✓			
	长春	✓						✓	
	南昌	✓			✓			✓	
	常州	0.5	0.5	0.5				✓	

注：资料来源于各城市教育局和政府网站公开资料整理（截至 2024 年 6 月）。根据 2014 年国务院印发的《关于调整城市规模划分标准的通知》，城区常住人口 1 000 万以上的城市为超大城市，城区常住人口 500 万～1 000 万的城市为特大城市，城区常住人口 300 万～500 万的城市为Ⅰ型大城市。

由于义务教育、高中招生录取、高考等政策信息发布的时间因各城市和各阶段而异，在查阅信息时部分城市还未更新 2024 年信息，因此少数城市，如石家庄、乌鲁木齐采取的是 2023 年的相关入学政策。部分城市，如北京、济南、宁波、太原等规定由各区县在具体招生中合理确定入学条件细则，因此采用该城市中心城区的入学政策代表该城市政策。

在义务教育阶段，各城市实施"两为主、两纳入、以居住证为主要依据"

的义务教育入学政策。随迁子女小学阶段入学工作由随迁子女父母申报，区教育局结合公办学位剩余情况按积分排序或统筹安排随迁子女进入公办学校或由政府购买的民办学校学习。初中阶段同属于义务教育阶段，外来务工人员根据家庭自身入学资格和子女学籍情况申请学区入学，或在小学毕业后按小学与初中对口的方式升学。

义务教育阶段随迁子女入学通常采取积分制入学和材料准入制入学。在城区常住人口超过300万的城市中，实施积分制入学的城市有上海、深圳、广州、成都、东莞、杭州、佛山、济南、厦门、苏州、贵阳、宁波。成都同时实施积分制入学和材料准入制入学，随迁子女父母可根据自身情况采取不同入学申请方式。佛山采用政策性借读和积分入学两种方式，父母或其他法定监护人在佛山市同一区内连续办理居住证5年及以上，并在该区内连续缴纳社保5年及以上，有合法稳定住址、合法稳定就业人士的非户籍适龄儿童可以被认定为政策性借读生[221]。贵阳采用政策保障、积分统筹和自主选择民办学校三种申请入学方式[222]。此外，宁波、济南等城市由各区制定入学条件细则，需要依据家长所提交的材料进行量化赋分，根据空余学位数，按照分数由高到低录取。

随迁子女义务教育阶段入学需要满足以下部分或全部资格条件：①父母一方/双方或监护人及子女的有效居住证或居住登记；②合法稳定住所证明；③合法稳定就业证明；④社保缴纳及年限证明；⑤随迁子女及其父母的户籍证明；⑥在实施积分制入学的城市，还需要积分通知单等相关证明文件。此外，天津对义务教育阶段随迁子女入学要求提供预防接种证，太原和沈阳小学入学要求提供随迁子女出生证。

随迁子女义务教育阶段入学实施以居住证为主要依据的就近入学政策。大多数城市的政策要求父母一方提供有效的居住证即可。昆明要求父母一方出具云南省居住证或暂住登记证明。部分城市对居住证持有人提出了要求，例如，宁波随迁子女初中入学要求父母双方均提供有效居住证，福州和南宁随迁子女小学入学要求父母双方持有居住证，杭州、长春、哈尔滨、郑州等城市申请小学要求提供随迁子女居住证。合法稳定就业证明和合法稳定住所证明材料通常是实施材料准入制入学的城市的要求,包括租赁和购买住房的证明、居住年限证明、劳务合同、经商营业执照等。实施积分制入学的城市虽然以居住证和积分为主要录取依据,但是同样需要审验户籍、房产证、租赁证明、劳务合同、社保缴纳记录等相关材料。国家建立基本养老保险、基本医疗保险、工伤保险、失业保险、生育保险等社会保险制度,保障公民在年老、疾病、工伤、失业、生育等情况下依法从国家和社会获得物质帮助的权利[223]。多数城市要求申请入学的随迁子女父母一方或监护人连续缴纳社保,少数城市进一步要求了年限和险种,例如,深圳要求同时参加养老和医疗保险。少数城市,如深圳、宁波虽然在政策文件中没有要求父母一方/双方或监护人提供稳定合法就业证明,但要求满足一定的社保缴纳年限。缴纳职工社会保险通常代表拥有稳定合法职业,实质上这些城市的随迁子女入学政策文件隐含了父母或监护人稳定合法就业的年限。

在超大城市中,所有城市要求提供居住证及其他材料,北京最为严格。北京要求提供"四证",即非京籍随迁子女父母持本人在京务工就业材料、在京实际住所居住材料、全家户口簿和北京市居住证。以北京市东城区为例,申请人必须在东城区居住证年限达1年,连续工作并居住满1年,并被要求提供社保缴纳记录、劳动合同、工作证明材料、房产证等材料。重庆仅对就业和居住的年限有所要求,而天津则要求同时提供合法稳定的就业和半年以上的居住证明。上海、深圳、广州实施积分入学政策,按申请人积分排序录取,其中以深圳的要求最为严格,要求同时满足父母双方或一方持有居住证、在深圳连续居住满1年,以及连续参加社会保险(养老保险和医疗保险)满1年。成都同时实施材料准入和积分入学政策,积分入学要求居住证和积分达标,未办理居住证积分的随迁子女父母可以采取材料准入方式,这个方式要求父母一方提供有效居住证、合法稳定就业、合法稳定住所、连续参保半年,以及连续居住半年的证明材料。

在特大城市中,东莞、杭州、佛山、济南部分区实施积分制入学,其余城市采取材料准入制入学。在实施材料准入制入学的城市中,南京、长沙、青岛和济南比较严格，分别对学位申请人的居住证年限、社保年限、合法稳定住所和就业年限提出了差异化的要求。在沈阳，根据房产、户籍、居住证等信息，随迁子女可选择一所学校报名，各区县多数学校对户籍和房产有要求，对于在沈阳无房无户口的适龄儿童，以和平区为例，家长需要根据居住地相对就近选择特定的几所学校之一申请，并提供无房产证明以备查。

在Ⅰ型大城市中，厦门、苏州、贵阳和宁波部分区域实施积分制入学。太原、合肥、无锡、福州和常州对随迁子女家庭的居住证年限提出了半年到一年的要求；太原、宁波、无锡和常州对随迁子女家庭的社保年限提出了半年到一年的要求；无锡和常州对随迁子女家庭的合法稳定就业提出了半年的时间要求；厦门、苏州和乌鲁木齐要求申请人连续居住一定的年限。石家庄要求随迁子女提供"四证"，即户籍证明、居住证、住房证明、务工或经商证明，居住证要求监护人双方和随迁子女同时持有。贵阳实施政策保障入学和积分统筹入学，积分统筹分为"居住＋务工"和"居住＋经商"两种方式，随迁子女父母根据居住证和社保证明（或营业执照）申请入学，满足连续居住5年和合法稳定就业2年的优先安排进入有剩余学位的公办学校，其次根据积分排序进入有剩余学位的公办学校或由政府购买服务的民办学校。

实施积分制入学的城市，按积分由高到低顺序被学校录取。例如，在杭州，随迁子女父母积分相同者，根据是否有市区自有住房、连续居住时长、社保积分以及基础分等条件依次确定先后位次。济南、宁波等城市除了需要入学申请人提交相关材料以外，由于空余学位有限，需要依据家长所提交的材料进行量化赋分，根据空余学位数，按照分数由高到低录取。

部分城市实施"六年一学位"措施。例如，2024年，南昌的一套城区房产在六年之内只作为一个家庭适龄儿童小学入学依据，而三年之内作为一个家庭适龄儿童的初中入学依据[224]。北京市海淀区和东城区对适龄儿童入学登记实际地址六年内只提供一个入学学位[225]。

三、各级城市随迁子女中考和高中入学政策

随迁子女初中毕业后，面临在流入地城市参加中考和报考高中的现实

情况。根据各城市中考和高中招生录取政策,除了北京和天津必须拥有当地城市户籍以外,申请升读普通高中的随迁子女需要满足居住证及年限、社保及参保年限、合法稳定就业和住所证明及年限,以及学籍等要求(见表12-2)。其中,拥有当地初中学籍是能够报考当地普通高中(除北京和天津)的必要条件,部分城市对初中连续就读和完整学籍的年限进一步明确,提出了1~3年的连续学籍要求。

表12-2　随迁子女普通高中入学条件　　　　　单位:年

城市级别	城市	居住证	社保	合法稳定就业证明	合法稳定住所证明	小学学籍	初中学籍	市内户籍	积分达标
超大城市	上海	√					√		√
	北京							√	
	深圳		3	√	√		3		
	重庆						2		
	广州	√					3		
	成都						√		
	天津							√	
特大城市	武汉						√		
	东莞	3	1	√	√		3		
	西安	1	1				1		
	杭州		1	√	√		3		
	佛山	3	3	√	√		3		
	南京						√		
	沈阳						√		
	青岛						√		
	济南						√		
	长沙						√		
	哈尔滨	√					√		
	郑州						√		

(续表)

城市级别	城市	居住证	社保	合法稳定就业证明	合法稳定住所证明	小学学籍	初中学籍	市内户籍	积分达标
	昆明						√		
	大连	√	√	√	√		3		
Ⅰ型大城市	南宁						√		
	石家庄						√		
	厦门		6	6	6		3		
	太原			1	1		1		
	苏州						√		
	贵阳					6	3		
	合肥						√		
	乌鲁木齐						√		
	宁波		1				3		
	无锡						√		
	福州						√		
	长春	√		√					
	南昌						√		
	常州						1		

资料来源:根据各城市教育局和政府网站公开资料整理(截至 2024 年 6 月)。

在超大城市中,除了非京籍九类人[226],非京籍随迁子女无法报考普通高中,虽然能在北京以借考形式参加中考,但不能参加普通高中录取。通过资格审核的随迁子女可报名中考并参加中等职业学校的招生录取,需要提供的材料包括:①进城务工人员北京市居住证、居住登记卡或居住证;②合法稳定住所证明;③合法稳定就业证明(满 3 年);④连续参保 3 年证明;⑤随迁子女在京 3 年初中学籍。从中等职业学校毕业后,随迁子女可按照有关规定参加高等职业学校的考试。不符合条件的非京籍考生只能回户籍地升学或在京借读私立高中,但后者不具有北京高中学籍,仍需要回户籍地参加高考。上海实施"居住证＋积分"的升学政策，持有居住证的监护人积分达到 120 分才能为子女申请普通高中；自主申请中等职业类学校的随迁子女父母一方需要持有居住证且参保半年（或办理失业登记 3 年），随迁子女还需有 3 年当地初中学籍。不符合要求的上海随迁子女只能回户籍所在地升学。天津将投靠落户随迁子女（即居住证持有人通过积分方式取得天津户口后，按投靠落户政策取得天津常住户口的随迁子女）与非户籍随迁子女同等对待，按照随迁子女入学要求申请入学[227]。非津籍随迁子女无法升读普通高中和参加高考，但可以申报职业类学校。如果父母有意愿让孩子在津参加中考和高考，就需要通过积分落户或人才引进落实户口，子女办理随迁或投靠落户。在深圳，随迁子女升读高中需要初中 3 年学籍，父母一方持有居住证、合法稳定的就业和住所证明，以及满足社保缴纳险种（养老和医疗）和年限（3 年）要求。不符合条件但参加中考的随迁子女，仅限参加民办普通高中补录或中职类学校注册入学。广州要求升读普通高中的随迁子女具有 3 年初中学籍和父母一方有效居住证，没有居住证但有初中学籍的随迁子女可报考民办普通高中、中等职业学校。成都和重庆是超大城市中随迁子女高中入学条件较为宽松的城市，只需要满足一定年限的初中学籍即可参加中考并报考各类高中。

在特大城市中，东莞、西安和佛山对随迁子女高中学位申请人的居住证年限和社保年限设定了限制，杭州也要求申请人在入学申请日期前的 3 年内至少参加 1 年社会保险。此外，东莞、杭州、佛山和大连还需提供合法稳定就业和住所的相关证明材料。在南京、武汉、沈阳、青岛、济南、长沙、郑州和昆明就读初中并取得学籍的非户籍外来务工人员随迁子女，在就读的初中学校报名、考试、填报志愿、录取与所在区的户籍考生享受同等待遇。

在Ⅰ型大城市中，厦门对随迁子女普通高中升学限制较为严格，要求随迁子女具有厦门初中学校正式学籍且有 3 年完整学习经历，随迁子女父母在厦门有合法稳定职业、合法稳定住所（含租赁）和在厦门连续缴纳社会保险这三项都应已满 6 年。太原和宁波分别对合法稳定就业和住所、社保缴纳年限提出了要求。福州随迁子女与本地学生一样可报考面向本地招生的各级各类学校,但学籍在六城区未满3年则受到报考高中学校的限制,无法报考部分学校[228]。贵阳随迁子女报考高中需要小学和初中连续9年学籍,如果未满9年连续学籍则同样受到高中学校类型的报考限制。具体来说,可以报考中外合作学校、省级示范性普通高中学校国际项目班、一般普通高中学校(配额生除外),中等职业学校和五年制大专。非户籍学生在南宁可参加中考借考,但只能报读普通高中的指导性招生计划[229]。在其余Ⅰ型大城市中,随迁子女在中考中招时与户籍生享受同等待遇。

四、各级城市随迁子女高考政策

随迁子女异地高考是我国教育改革中的一项重要议题,关系到数百万流动人口家庭的教育公平和子女的未来。随迁子女异地高考政策已在多个省份实施,但各地政策门槛不一(见表12-3)。由于各省教育资源的不均衡以及高考命题形式的差异,导致高考竞争强度不同。随迁子女能否在流入地参加高考和报考普通高等院校成为政策改革的重点,也是随迁子女家庭最关心的问题之一。

表12-3　随迁子女普通高校报考条件

	省/市/自治区	城市户籍	居住证	社保	合法稳定就业	合法稳定住所	初中学籍	参加中考	高中学籍	积分达标	试卷命题
华北地区	北京	√									自主
	天津	√									自主
	河北				√	√			2		新Ⅰ卷
	山西				3	3			√		新Ⅱ卷
	内蒙古			3	3	3			3		乙卷
东北地区	辽宁				√	√			3		新Ⅱ卷
	吉林			3	√	√			3		新Ⅱ卷
	黑龙江				√	√			3		新Ⅱ卷

（续表）

	省/市/自治区	城市户籍	居住证	社保	合法稳定就业	合法稳定住所	初中学籍	参加中考	高中学籍	积分达标	试卷命题
华东地区	上海		✓					✓	✓	✓	自主
	江苏				✓	✓			✓		新Ⅰ卷
	浙江							✓	3		新Ⅰ卷
	安徽								3		新Ⅱ卷
	福建			3	✓				3		新Ⅰ卷
	江西								1		新Ⅱ卷
	山东								3		新Ⅰ卷
华中地区	河南		✓		✓	✓			✓		新Ⅱ卷
	湖北			✓	✓	✓			3		新Ⅰ卷
	湖南					1			3		新Ⅰ卷
华南地区	广东		3	3	✓	✓		✓	3		新Ⅰ卷
	广西				3	3	3		3		新Ⅱ卷
	海南			6	6	✓	3		3		新Ⅱ卷
西南地区	重庆		3	3	3	3			3		新Ⅱ卷
	四川				✓	✓			3		甲卷
	贵州			3	✓	✓			3		新Ⅱ卷
	云南								✓		新Ⅱ卷
	西藏	✓									甲卷
西北地区	陕西		3	3					3		乙卷
	甘肃		3	3	✓	✓			3		新Ⅱ卷
	青海	✓									乙卷
	宁夏			3	6	6	3		3		乙卷
	新疆			✓	✓	6	3	✓	3		乙卷

资料来源：根据各地教育局和政府网站公开资料整理（截至2024年6月）。

在华北地区，北京和天津高考必须要求本地户籍。非京籍无法参加高考，但可以报考高等职业类学校，需要满足的条件包括：①居住证；②合法稳定住所；③合法稳定就业（6 年）；④社保缴纳（6 年）；⑤高中学籍（3 年）。从高等职业学校毕业后，可以参加优秀应届毕业生升入本科阶段学习的推荐与考试录取。自 2022 年普通高考报名开始，天津高考报名条件由单一的户籍要求调整为"户籍＋学籍"的要求[230]。2024 年，天津随迁子女的高考条件为"户籍 3 年＋学籍 3 年"。随迁子女若希望在天津参加高考，就需要在高一入学前取得天津居民户籍（非集体户），还需要在天津取得 3 年高中学籍，最晚在高一下学期入学（2.5 年学籍等同于 3 年学籍）。华北其他省份均需符合随迁子女父母合法稳定就业和住所以及子女高中学籍等要求。

在东北地区，辽宁、吉林、黑龙江三个省份均要求随迁子女父母一方拥有合法稳定就业和住所，考生本人有完整高中 3 年学籍。吉林还规定非户籍考生父母一方须社保缴纳满 3 年，社保需要同时参加养老、医疗和失业保险。

在华东地区，上海规定随迁子女父母一方持有积分达标的有效居住证，子女本人参加了上海中考或父母连续持有上海市居住证 3 年，并且子女在上海高中阶段学校毕业，可以参加高考和普通高等院校的报名。没有居住证或居住证年限不符的随迁子女只能回到户籍地参加高考，而持有居住证但积分未达标的随迁子女只能参加"三校生"高考进入大专。具体来说，持有居住证、参保半年或办理灵活就业登记 3 年、参加中职自主招生考试并具有中职完整学籍的随迁子女可选择参加专科层次依法自主招生考试和"三校生"高考（专科层次）。具有高等职业教育完整学习经历的，可参加上海市普通高等学校专升本招生考试。浙江规定随迁子女只有在当地参加了中考才能参加高考。福建规定了随迁子女父母的社保缴纳年限。江西规定外省户籍随迁子女只要取得了江西高中阶段学籍并实际就读 1 年以上，或具有江西中专、技工学校连续 3 年学籍均可参加高考。

在华中地区，河南和湖北都限制了随迁子女父母的合法稳定住所和就业条件。湖南普高考生须符合高中学籍 3 年并参加高中学业水平考试，其父母在当地居住 1 年以上的条件，职高考生须符合在湖南中职连续就读 2

年及以上并持有学籍的条件,才能在湖南参加高考。

在华南地区,广东、广西和海南三个省份的非户籍随迁子女高考条件都较为严格。广东要求参加高考的非户籍随迁子女在本地参加过中考,并对随迁子女父母的居住证、社保年限提出了要求。广西更关注随迁子女父母的稳定性,要求合法稳定就业和居住均达到 3 年。海南满足"异地高考 3 个 6"报考条件的非户籍子女可以参加高考且不受报考批次的限制。具体来说,需要父母一方拥有合法稳定住所满 6 年、合法稳定就业并参加社保满 6 年和子女初中到高中学籍满 6 年。此外,满足父母一方合法稳定居住满 12 年和合法稳定就业,随迁子女从小学到高中学籍满 12 年条件的("异地高考 2 个 12"报考条件)也不受报考批次限制。

在西南地区,外省户籍的西藏随迁子女不可以参加高考。重庆和贵州的随迁子女高考条件限制相对较多。重庆要求非户籍考生持有居住证、高中学籍、稳定合法居住和就业、养老保险和医疗保险缴纳分别达到 3 年以上,中等职业学校毕业生符合普通高校报考条件的也可报考普通类高校。非户籍随迁子女在贵州参加高考可以通过两种途径,一是在贵州小学、初中和高中连续就读 12 年并毕业;二是具有 3 年高中学籍,父母一方有合法稳定就业和住所、居住证和社保年限达 3 年。云南区分了考生户籍和父母户籍是否在云南的几种情况,子女本人持有云南户籍或转入云南户籍满 3 年,并符合其他条件的分情况可以报考普通高等院校,而非户籍随迁子女凭高中学籍仅可在云南报考第三批本科院校或专科院校。

在西北地区,青海根据父母一方和考生已经在青海落户的年限划分了三种情况:①落户满 5 年可以参加高考并报考普通高校;②落户满 3 年可参加高考并报考三本及以下院校;③落户满 1 年可参加高考并报考省内的三本及以下院校。以上情况均对随迁子女家庭提出了户籍和高中学籍 3 年的要求。对于持有居住证的非户籍随迁子女,具有高中 3 年学籍则可参加高考并报考省内高职院校、省内外中职学校[231]。甘肃要求非户籍随迁子女的父母双方均须在报考地具有合法居住证,且居住时间满 3 年,并在报考地缴纳养老保险或医疗保险满 3 年;非户籍随迁子女须拥有甘肃高中连续 3 年完整学籍并在学籍学校实际就读。陕西要求居住证满 3 年，而宁夏和新疆对初中学籍和居住年限提出了进一步的要求。

五、本章小结

随着大量外来务工人员开始家庭化迁移，随迁子女规模也大幅增加，这对城市接纳随迁子女以及城市教育资源规划提出了前所未有的挑战。随迁子女的义务教育政策经历了从"两为主""两纳入"到"同城化"的三次变迁，在责任主体、教育财政和就学途径方面不断深化。"两为主"指随迁子女义务教育阶段的异地就学以流入地区政府管理为主，以全日制公办中小学为主，采取多种形式，依法保障流动人口子女接受义务教育的权利，奠定了随迁子女入学政策的基本框架。"两纳入"将随迁子女教育发展纳入各级政府的教育发展规划和财政保障范畴中。《中国教育现代化 2035》要求流入地政府结合实际情况增设中小学学位，推进随迁子女入学待遇同城化。此外，随迁子女在流入地接受义务教育后的异地升学问题受到社会广泛关注，国家和地区开展了一系列政策改革，包括坚持以输入地政府管理为主、以全日制公办中小学为主，确保进城务工人员随迁子女平等接受义务教育等，提出完善学籍管理、增加学位资源、扩大招生规模等一系列措施。

义务教育阶段随迁子女入学通常采取积分制入学和材料准入制入学。在义务教育阶段，各城市施行"两为主、两纳入、以居住证为主要依据"的义务教育入学政策。随迁子女小学阶段入学工作由随迁子女父母申报，区教育局结合公办学位剩余情况按积分排序或统筹安排随迁子女进入公办学校或由政府购买的民办学校学习。初中阶段由外来务工人员根据家庭自身入学资格和子女学籍情况申请学区入学，或在小学毕业后按小学与初中对口的方式升学。

外来务工家庭随迁子女初中毕业后，面临在流入地城市参加中考和报考高中的现实情况。除北京和天津要求必须拥有当地户籍外，其他城市多要求申请升读当地普通高中的随迁子女满足居住证及年限、社保及参保年限、合法稳定就业和住所证明及年限，以及学籍等要求。其中，拥有当地初中学籍是报考当地普通高中的必需条件，部分城市又对初中连续就读和完整学籍的年限作了进一步明确，提出 1~3 年的连续学籍要求。

　　随迁子女异地高考政策已在多个省份实施，但各地政策门槛不一。例如，北京和天津高考必须要求本地户籍。非京籍无法参加高考，但可以报考高等职业类学校。天津随迁子女的高考条件为"户籍 3 年＋学籍 3 年"。在上海，随迁子女父母一方持有积分达标的有效居住证，子女本人参加了上海中考或父母连续持有上海市居住证 3 年，并且子女在上海高中阶段学校毕业，可以参加高考和普通高等院校的报名。广东要求参加高考的非户籍随迁子女在本地参加过中考，并对随迁子女父母的居住证、社保年限提出了要求。其他省份对随迁子女父母合法稳定就业和住所以及子女高中学籍等提出了要求。

第十三章

非户籍学生升学路径

从幼升小、小升初、中考到高考，随迁子女升学不仅与户籍学生一样面临层层选拔，而且还要克服入学和升学门槛的障碍。在快速城市化的背景下，随迁子女的升学路径呈现出多样化的特点。

一、普通教育途径

随迁子女最理想的升学路径是通过正规教育体系，从小学、初中到高中，最终参加高考。

（一）幼升小阶段

在义务教育阶段，由于户籍制度的限制，许多随迁子女需要满足一定就学条件才能在城市公办学校就读。然而，由于公立学校名额有限，大部分随迁子女家长的现有条件难以达到入学资格标准，因此大城市的随迁子女很难在公办学校就读。在此情况下，可以通过民办学校途径实现升学。

实行积分制入学的城市要求家长通过学历、工作年限、纳税记录、社会保险缴纳等条件积累积分，达到一定标准后，子女可获得入学资格。实行材料准入制入学的城市要求家长提供房产所有权证明、租赁证明、连续缴纳社保和纳税记录、劳动合同以及身份证明等各种材料，经核验且达到要求后其随迁子女可以进入公办学校。在上海，持有居住证是非沪籍学生就学的基本条件，如果达到了上海市居住证 120 分的条件以及拥有房产，孩子在报名公办学校时，会被优先录取。如果家长想要进入离家近、质量好、有优质对口初中的小学，获得当地城市的户口是必要条件。甚至部分城市和部分地区对随迁子女家庭的落户年限有所要求。因此,有较高教育需求的随迁子女家庭需要提前规划孩子的就读学校,以确定落户方案。

在一些城市如上海、广州,对于无法进入公办学校的随迁子女,民办学校成为一种选择。虽然民办学校学费较高,但它们通常没有户籍限制,为随迁子女提供了更多的教育机会。例如,在上海报考民办学校时,与公办学校不同,沪籍与非沪籍家庭不存在录取先后排序的问题,而是统一摇号录取。在家庭能力范围内,选择民办学校是不错的升学路径。然而,民办学校也对随迁子女家长提出越来越严格的条件。有报道显示,广州部分区县随迁子女的民办学校入学也需要提供居住证和租赁备案等材料,无法稳定就业和居住的低收入家庭面临着越来越复杂的城市筛选[232]。

(二) 中考升学

在流入地完成义务教育,参加中考并进入普通高中是许多随迁子女家庭渴望的升学路径。普通高中升学可以通过以下两种方式实现:①获取当地城市户籍;②满足积分和材料要求。

在中考升学阶段,当地城市的户口与升学密切相关。在获取当地城市户籍方面,一线城市中,北京难度最大,其次是上海和广州。其他二、三线特大城市和大城市难度较小,由于各地落户条件有所差别,因此需要随迁子女家庭提前一定时间做好落户准备。以北京为例,无论是京籍还是非京籍,都可以报名参加北京中考,但是参加中考不一定能在北京升学。按照《进城务工人员随迁子女接受义务教育后在京参加升学考试工作方案》,"非京籍九类人"的应届初三毕业生可以报名参加中考并报考普通高中,其中包括父母一方有本市常住户籍的随迁子女。而满足一定条件并通过资格审核的非京籍随迁子女只可参加北京市中等职业学校的招生录取,不符合条件的非京籍随迁子女只能借考,之后就读私立学校或回户籍地入学,最终不具有北京高中学籍,也就无法在北京参加高考。

满足积分和材料要求的随迁子女也可参加普通高中招生考试和录取。在上海,居住证和积分达标是随迁子女异地升学的硬性要求。不满足居住证积分的随迁子女只能报考中专和职业教育学校,不能参与上海市的普通高中学校招生,或者只能回户籍地参加中考。根据 2022 年上海市各区高考升学率的情况,各区基本只有市重点高中的一本率在 50% 以上[233]。对孩子有较高教育期望的家庭,如果想要进入一流大学,就要先进入一流高中。在深圳,虽然具有初三学籍的应届随迁子女可以参加中考,但只有父母拥有合法稳定职业、合法稳定住所、有效居住证,满足社保缴纳险种和年限,以及随迁子女 3 年完整初中学籍,才可以参加高中学校的录取。

(三) 高考升学

我国高考录取采取分省定额制,高校由各省根据分配名额按分数从高到低录取考生[234]。虽然高考制度经过改革,但目前仍然实施分省定额制度,并由国家宏观控制总量、各高校因地制宜地招生[235]。不同地区的高考科目、内容、难度和录取分数线有较大差异,加上教育资源的差异,导致各地区的升学竞争压力不同。例如,北京、上海和天津的"985"高校录取率远高于全国平均水平,而安徽、河南等地的"985"高校录取率较低[236]。

随迁子女通过高考升入普通高校有两种路径,一种是符合高考条件的考生在流入地参加高考,另一种是回户籍地参加高考。异地高考保证了随迁子女异地就学的连续性。在深圳,自 2013 年起,通过积分落户的随迁子女不受落户年限和就读年限限制,可以在当地参加高考,并与深圳户籍考生同等录取。而没有深圳户口的随迁子女家庭需要满足一系列条件,包括合法稳定住所和职业、3 年居住年限、3 年社保缴纳年限、子女参加省内中考且具有市内 3 年完整高中学籍等要求。一些省份如山东、安徽等允许具有高中阶段完整学籍的非户籍考生在本省报名参加高考,并享受同等的录取政策。

由于升学政策限制,随迁子女可能会面临无法在当地参加高考的情况。超大城市通常对中考和高考加以整体考虑,缺乏户籍、完整的高中学籍或没有参加过当地中考的非户籍学生无法参加异地高考。例如,北京非户籍学生满足一定条件可以参加高考,但只能报考高等职业类学校而非普通高校;天津要求随迁子女同时具备 3 年高中学籍和户籍才能在天津参加高考,否则只能回户籍地参加考试。而随迁子女回户籍地参加高考时,考试内容与在流入地的学习内容可能存在较大差异,由于分省定额制和自主命题的存在,随迁子女在户籍地可能会面临更大的升学竞争压力。

二、职业教育途径

对于无法通过正规教育途径升学但渴望留在城市的随迁子女,职业教育为其提供了另一种发展机会。职业学校和技工学校通常对户籍要求较为宽松,学生可以通过学习专业技能,为将来的就业打下基础。

中考分水岭是异地就学随迁子女不得不面临的困境。引导随迁子女进入当地的职业类学校是大城市解决随迁子女异地升学问题的主要办法。《蓝皮书2021》对一所民办初中的调研显示,随迁子女毕业生升入普通高中的比例不超过20％,而升入中职学校的比例约为70％。由此可见,中职学校承担了大部分随迁子女的升学需求。

随着经济社会发展对劳动者的技能和学历要求的提高,随迁子女及其父母的教育期望也越来越高。《中国职业教育发展报告(2012—2022年)》提出,落实职业学校教育和职业培训并重,促进职业教育与普通教育横向融通,推进不同层次职业教育纵向贯通,加快建设服务全民终身学习的现代职业教育体系。

中等职业学校主要招收初中毕业生或具有同等学力的社会人员,以3年制为主。根据教育部发布的《2023年全国教育事业发展统计公报》,2023年,全国共有中等职业学校7085所,招生454.04万人,在校生1298.46万人,占高中阶段教育在校生总数的28.59％。中等职业学校学生在毕业后可以继续接受高等职业专科、高等职业本科和研究生层次职业教育。

高等职业学校教育包括专科、本科及以上教育层次,主要招收中等职业学校毕业生、普通高中毕业生以及同等学力社会人员,专科为3年制、本科为4年制。根据教育部发布的《2023年全国教育事业发展统计公报》,2023年,全国共有本科层次职业学校33所,高职(专科)学校1547所,成人高等学校252所。职业本科招生8.99万人,比上年增长17.82％。高职(专科)招生555.07万人,比上年增长2.99％。全国共招收成人本专科

445.49万人，比上年增长1.24％。高等职业院校招生连续5年超过普通本科招生规模，在教育体系中有着重要地位。

普职分流一直是政府和家长关心的议题。近年来，政府积极探索普职融合发展新模式，提高社会对职业教育的接受度和认可度。2019年1月，国务院印发《国家职业教育改革实施方案》，明确职业教育是与普通教育具有同等重要地位的教育类型。2022年，新修订的《中华人民共和国职业教育法》正式实施，职业教育的地位获得了法律保障。

中等职业教育通过中高职贯通、中高本衔接和完善职教高考等，为学生提供了多种就业和升学途径。就读中职类学校的非户籍子女想要升入高等院校，可以通过以下几种路径。

（1）对口升学。中职生可以通过对口升学的方式进入高等院校继续学习[237]。对口升学通常是指中职生根据自己的专业特长，参加相应的专业考试和面试，直接升入高职院校或应用技术型本科院校。

（2）普通高考。中职生也可以参加普通高考，与普通高中生一同竞争高等院校的入学机会。这不仅要求中职生在高考时符合当地高考条件，还需要在学业上达到一定的水平。

（3）中高职贯通培养。一些地区如广州实施中高职贯通培养模式，允许中职生在完成中职教育后，通过内部升学考试或考核，继续在高职院校深造[238]。参与中高职贯通培养的非户籍子女需要符合当地的中考和高考报名条件。北京也有类似的政策，北京推出的高端技术技能人才7年贯通培养分为高本贯通和中本贯通。学生在中职学校完成前5年学业，其中前3年完成学业且成绩合格者，由中职学校颁发中职毕业证书；完成前5年学业且成绩合格者，由合作本科高校颁发专科学历证书；完成全部7年学业且成绩合格者，由合作本科高校颁发本科学历证书（专升本）[239]。值得注意的是，北京的招生对象为符合当年中考升学资格的本市户籍考生，通过中考在全市范围内招生。

（4）技能大赛获奖免试推荐。在一些地区如广州，中职生如果在省级或国家级技能大赛中获奖，可能会获得免试推荐升入高等院校的资格。

（5）成人高考或自考。非户籍中职生还可以通过参加成人高考或自学考试的方式，获得进入高等院校学习的机会。

（6）职教高考。通过职教高考，学生可以进入普通本科高校，这也是中等职业学校学生升学的主要方式。职教高考实行的是"文化素质＋职业技能"的考试模式，这种模式与职业教育的目标相符合，即培养技术技能人才。通常具有所在省份户籍或在省内中职校毕业的随迁子女都可以参加职教高考。2023年，山东省职教高考报名人数达26.5万，中职学生升学深造比例已超70%[240]。

2021年，全国有超过一半的中职毕业生升入专科和本科继续学习[241]。需要注意的是，不同地区的具体升学政策可能存在差异，非户籍中职生及其家长应提前了解当地的教育政策，做好准备。在一线城市，不符合中高考升学资格的非户籍随迁子女通常只能进入中等职业学校，进而继续进入高等职业学校。其中，北京、天津的升学对户籍有严格要求，没有户籍的随迁子女无法升读普通高中和参加高考，只能就读职业类学校。北京的升学政策最为严格，没有北京户籍的随迁子女家庭，其子女只能升读中等职业学校，并按照有关规定参加高等职业学校的考试。从高等职业学校毕业后，可以参加优秀应届毕业生升入本科阶段学习的推荐与考试。

三、各阶段升学路径

非户籍随迁子女在流入地的教育发展面临升学资格的限制，升学路径如图13-1所示。根据当地的相关政策，具备升学资格的随迁子女可以实现从幼升小、小升初、初升高到参加高考的普通教育路径。在幼儿园到高中教育阶段，随迁子女面临着公办学校与民办学校的选择。通常，义务教育阶段的公办学校要求随迁子女及其父母满足各地政策规定的积分或者材料，并根据居住情况实行梯度顺序录取规则。公办学校优先满足户籍子女的入学需求，对于非户籍随迁子女而言，选择民办学校是一种常见的做法。为了解决公办学校学位不足，缓解入学压力，同时促进教育公平和多元化发展，政府依据一定的标准和程序，使用公共财政资金向民办学校支付学位费用购买学位，以增加公共教育资源的供给。

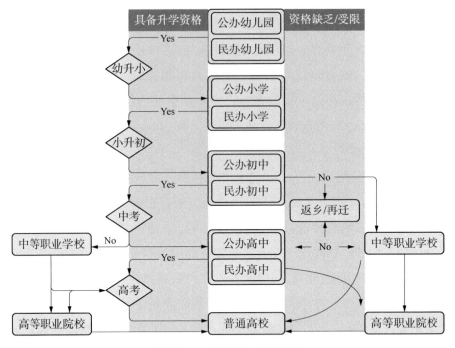

图 13-1　随迁子女升学路径

在中考和高考阶段，符合流入城市升学考试招生条件的随迁子女可以参加中考进入普通高中，或通过高考进入普通高校学习。而那些不符合升学考试条件的随迁子女，则可能需要面临返回原籍或再次迁移升学的选择，同时他们也有机会升入当地城市的中等职业学校。

中等职业学校包括职高、中专、技校。我国大力推进普职融合，职业教育类型与普通教育类型具有同等重要地位。中等职业学校毕业的随迁子女通过对口升学、职教高考、贯通培养等方式可以继续升读高等职业学校和本科院校。具备当地高考升学资格的随迁子女还可以参加普通高考，与普通升学途径的学生共同竞争。高等职业院校毕业的随迁子女也可通过专升本获得普通高校本科学位。

为了实现升学，随迁子女及其家庭需要克服诸多困难，如户籍限制、经济压力、教育资源不平等等。同时，他们需要积极寻求社会支持，利用各种资源和机会，为子女的教育和发展创造条件。政府和社会也应提供更多的支持和帮助，确保随迁子女能够享有平等的教育机会，实现自身的潜能和价值。

四、本章小结

从幼升小、小升初、中考到高考，随迁子女升学不仅与户籍学生一样面临层层选拔，还要克服入学和升学门槛的障碍。实行积分制入学的城市要求家长通过学历、工作年限、纳税记录、社会保险缴纳等条件积累积分，达到一定标准后，子女可获得入学资格。实行材料准入制入学的城市要求家长提供房产所有权证明、租赁证明、连续缴纳社保和纳税记录、劳动合同以及身份证明等各种材料，经核验且达到要求后其随迁子女可以进入公办学校。如果想要进入离家近、质量好、有优质对口初中的小学，获得当地城市的户口是必要条件。甚至部分城市和部分地区对随迁子女家庭的落户年限有所要求。因此，有较高教育需求的随迁子女家庭需要提前规划孩子的就读学校，以确定落户方案。

在流入地完成义务教育，参加中考并进入普通高中是许多随迁子女家庭渴望的升学路径，可通过获取当地户籍以及满足积分和材料要求两种方式实现。虽然高考制度经过改革，但目前仍然实施分省定额制度，并由国家宏观控制总量、各高校因地制宜地招生。由于升学政策限制，随迁子女可能会面临无法在当地参加高考的情况。超大城市通常对中考和高考加以整体考虑，缺乏户籍、完整的高中学籍或没有参加过当地中考的非户籍学生无法参加异地高考。

对于无法通过正规教育途径升学但渴望留在城市的随迁子女，职业教育为其提供了另一种发展机会。引导随迁子女进入当地的职业类学校是大城市解决随迁子女异地升学问题的主要办法。随着经济社会发展对劳动者的技能和学历要求的提高，随迁子女及其父母的教育期望也越来越高。

第十四章

随迁子女教育与住房政策建议

随迁子女的教育与住房是外来务工家庭及流入地政府面临的重要问题，既关系着外来务工家庭在当地的社会融入、幸福感与获得感，也关系着当地经济、社会的可持续发展。本章将两者紧密结合，探讨对外来务工家庭随迁子女教育政策及相关住房政策制定的启示。

一、随迁子女教育政策建议

（一）随迁子女教育现状与问题

1. 义务教育与异地高考

随迁子女的义务教育政策经历了从"两为主""两纳入"到"同城化"的三次变迁，在责任主体、教育财政和就学途径方面不断深化。各地政府根据进城务工人员在当地合法稳定就业、合法稳定住所（含租赁）和按照国家规定参加社会保险年限以及随迁子女在当地连续就学年限等情况，因地制宜制定随迁子女在当地参加升学考试的具体政策。

随迁子女在义务教育阶段施行"两为主、两纳入、以居住证为主要依据"的就近入学政策。在超大城市中，所有城市要求提供居住证及其他材料，北京最为严格。上海、深圳、广州实施积分制入学政策，按申请人积分排序录取，其中以深圳最为严格。在特大城市中，东莞、杭州、佛山、济南部分区实施积分制入学，其余城市采取材料准入制入学。在Ⅰ型大城市中，厦门、苏州、贵阳和宁波部分区实施积分制入学。

随迁子女普通高中入学面临许多限制。在超大城市中，北京和天津的非京籍和非津籍随迁子女无法升读普通高中。上海实行"居住证＋积分"的升学政策，持有居住证的监护人积分达到 120 分才能为子女申请升读普通高中。在南京、武汉、沈阳、青岛、济南、长沙、郑州、昆明等特大城市就读初中并取得学籍的非户籍外来务工人员随迁子女，在就读的初中学校报名、考试、填报志愿、录取与所在区的户籍考生享受同等待遇。在Ⅰ型大城市中，厦门对随迁子女普通高中升学的限制较严格。

各城市的异地高考政策存在巨大差异。随迁子女若要在北京和天津参加高考，必须拥有本地户籍，西藏和青海也同样要求了省内户籍。高中学籍是随迁子女必须满足的条件，部分城市还对初中和小学的学籍做出了限制。上海、浙江、广东、新疆要求在当地参加过中考的随迁子女才能参加当地高考。上海的随迁子女只有积分达到标准分值才能参加本地高考，不符合条件的随迁子女只能报考高职类院校。

随迁子女的入学政策旨在保障流动人口子女在流入地接受教育的权利，通过简化入学流程和降低门槛，促进教育机会的均等化。异地中考和高考政策允许符合条件的随迁子女在非户籍地参加中高考。尽管面临户籍限制和教育资源分配不均的挑战，但这些政策逐步推动了教育公平和城乡一体化发展。

2. 随迁子女升学路径

随迁子女在流入地的升学路径通常分为普通升学路径和职业升学路径两大类，每类路径都旨在为其提供继续教育的机会。普通升学路径指随迁子女通过参加中考、高考等标准化考试，进入公办或民办普通中学和高等教育机构继续学习。这一路径通常要求学生具备一定的学科成绩，并满足流入地的报考条件。在公办学校，随迁子女可能需要通过公民统招政策，参与随机派位或按照就近入学原则进行升学。此外，一些地区可能为随迁子女提供一定的政策支持，如降低入学门槛、提供额外的招生名额等。

职业升学路径则侧重于为随迁子女提供职业技能教育和培训，帮助他们快速融入劳动市场。这一路径包括中等职业学校、高等职业院校等职业教育机构。随迁子女可以通过中考后选择进入中等职业学校学习专业技能,之后通过职教高考或专升本等途径进入高等职业院校深造。职业升学路径强调实践能力和技能培养,为学生提供更多与就业市场直接相关的教育机会。

无论是普通升学路径还是职业升学路径,都体现了教育公平的理念,旨在为随迁子女提供多样化的教育机会,帮助他们实现个人发展和社会融入。随着政策的不断完善和社会的不断进步,我们期待随迁子女能够在流入地享受到更加公平、高质量的教育,为他们的未来开辟更广阔的道路。

3. 家庭对随迁子女教育的影响

外来务工家庭在随迁子女的教育中扮演着至关重要的角色,他们面临在务工地为子女提供良好教育环境的挑战。随迁子女在城市就学的过程中,不仅要克服语言障碍,还要应对家庭与流入地社会之间的教育文化差异。为了应对这些挑战,外来务工家庭采取多种措施,包括明确家庭教育的分工、加强语言和文化适应能力、改变家庭教育方式、深入了解当地的教育政策等。通过建立社会联系、积极累积居住证积分、努力迁移户口,确保子女能够接受高质量的教育。随着教育政策和户籍制度改革的推进,外来务工家庭采取各类家庭策略,展现出非凡的能动性。

随着异地升学政策的放宽,外来务工人员的教育期望也随之提升,他们希望子女能够在流入地接受更高质量的教育。然而,面对城市教育资源的紧张和异地升学政策的制约,外来务工家庭不得不调整对随迁子女的教育期望。在异地升学政策背景下,部分外来务工家长为随迁子女制订职业高中升学计划,这不仅是对政策的积极应对,也是家庭根据自身能力和升学资格做出的选择。在"双减"政策影响下,出于对随迁子女未来教育的担忧,部分具有较高家庭禀赋的外来务工家长采取课外"增负"策略,期望提高子女学业成绩。

我国教育机会的竞争性分配越来越受到前置性家庭社会经济地位因素的影响[242]。社会经济地位通常包括家庭的收入、职业、受教育水平以及与其他各项因素的组合,这些因素相互作用,对子女教育产生重要影响,并通过教育分流影响子女的未来发展。

　　家庭收入直接影响子女的教育支出，通过物质投入增加子女获得优质教育资源的机会。富裕家庭的随迁子女在学业表现上往往比其他家庭的随迁子女更有优势。父母的受教育水平往往与他们对教育的重视程度和期望相关，通过父母参与和教育实践对子女的教育投入、教育机会获得和学业表现产生重要影响，从而影响文化资本的代际传递。

　　父母工作的稳定性和职业地位对子女教育的各方面有不同程度的影响。随迁子女父母的职业缺乏稳定性，且他们在受教育水平上的劣势会在就业市场中转化为职业地位的劣势。父母职业为高级管理者和专业技术人员可以积极影响子女的学业表现。

　　流动特征通过多种途径影响子女的教育，包括直接影响学业表现和通过家庭、社会环境等因素间接影响，涉及流动经历、流入地居住时长、流入地家庭成员和户口类型等。流动经历对子女教育的影响体现在流动引起的户籍制度约束妨碍了随迁子女教育机会的获得、流动过程破坏了家庭资本导致不利的教育成果，以及流动经历引发的儿童健康和适应性问题最终导致的子女教育问题。随迁子女在流入地的居住时长对其教育成果有重要影响，居住时间较长的随迁子女可能有更多的机会适应当地教育环境，进而提高其学业表现。流入地的家庭结构会影响随迁子女的教育机会获得、学业表现和社会适应，而在有限的家庭资源限制下，家庭成员数量与子女教育支出强烈相关。户口类型会影响随迁子女的教育机会和质量。农村户口的随迁子女可能面临更多的教育障碍，而城镇户口的随迁子女可能更容易获得较好的教育资源。

（二）随迁子女教育政策建议

　　随迁子女教育是外来务工家庭在流入地面临的基本问题之一。随迁子女对新环境的适应程度是衡量外来务工家庭社会融入的一个重要指标。如果随迁子女难以融入城市，则外来务工家庭也很难对所在城市产生归属感。地方政府应结合不同群体的外来务工家庭随迁子女的教育需求及状况，制定相关教育政策。针对不同工作状况、学历、收入等人口社会特征的外来务工家庭，应从学校教育、教师教学以及家庭监督等多个环节介入随迁子女教育过程，制定与实施差异化的教育支持政策。

首先，在相关教育政策制定过程中，应对外来务工家庭教育期望、随迁子女社会融入等过程性指标进行追踪，持续推进外来务工家庭及其随迁子女的社会融入。外来务工家庭随迁子女的城市教育梦大多形成于青少年时期[243]，可将外来务工家庭对随迁子女的早期教育期望作为制定随迁子女社会融入政策的切入点，将早期教育期望及社会融入纳入教育政策及社会发展规划框架中。此外，当前关于随迁子女融入城市社会的规划相对不足，应持续关注随迁子女在当地接受教育过程中的社会融入状况，特别在学前、义务教育阶段，包括就读、在读、升学等。重视激发随迁儿童的早期教育理想，及时解决其适应困难，帮助其顺利融入城市社会，并最终成为城市新市民。

其次，应提升外来务工家庭及其随迁子女主动融入当地社会的能力。随迁子女主动融入社会能力的提升不仅需要家庭支持，更需要社会帮助。家庭是随迁子女教育期望诞生的摇篮与发展的催化器。受家庭禀赋限制，外来务工家庭缺乏提升子女融入当地城市社会水平的能力、精力和时间。应充分发挥随迁子女所在学校和外来务工家庭所在社区的作用。随迁子女所在学校可专门开设促进新生校园融入的课程，鼓励老生帮助新生，形成互帮互助的氛围，促进随迁子女的校园融入。社区可组织相关专业的志愿者定期对外来务工家庭开展家访，并长期在社区提供专业咨询服务，包括但不限于心理咨询、职业发展咨询等。还可通过与企业、基金会等社会组织合作，开展形式多样的文化主题活动，打通因居住空间、语言文化、生活方式等差异造成的阻隔，弥补家庭和学校的局限。

最后，对于较高年级的随迁子女，建议开设学业规划、职业规划课程，并提供全过程学业与职业规划咨询服务，引导外来务工家庭及其随迁子女提早制定科学合理的教育规划，提升其教育认知、职业认知与规划水平，从而降低社会经济禀赋较弱的外来务工家庭关于子女教育与职业规划的认知壁垒，赋能外来务工家庭更好地为随迁子女开展学业与职业规划。针对随迁子女遇到的学习困难与学习进度断层问题，学校及教师应积极创设与随迁子女需求相适应的教学环境,如采用班内分层/分组教学,增加教学的层次性和选择性。在此过程中,也可充分发挥同学的激励作用,鼓励采用伙伴互助形式。此外,学校应设置相应岗位,为学生提供心理咨询及服务。

二、外来务工家庭住房政策建议

(一) 住房对随迁子女教育的影响

住房产权关系到学校的录取顺位与学习环境的稳定性,获得住房产权的家庭通常享有入学优先权。已有文献表明,家庭拥有住房产权对子女学业表现及健康状况具有显著正向影响。不利的住房条件会影响子女的学业表现。住房产权能很大程度体现家庭社会经济地位,影响阶层再生产。住房条件对子女学业表现和认知能力的影响包括有形和无形两种途径,即通过身体健康影响的有形途径和通过心理健康影响的无形途径。

在就近入学的政策背景下,住房区位会影响子女进入特定学校的机会。居住在拥有高质量教育资源的地区的随迁子女,可能享有更好的教育机会和提升学业成就的条件,家庭背景在其中发挥了重要作用。住房区位也代表了居住环境和邻里质量,对家庭的教育参与、子女学业表现和社会适应等有重要影响。家庭住房价值不仅对子女教育有直接影响,家庭住房价值的上升还可能增加家庭的财富,从而通过缓解信贷约束和产生财富效应提高父母对子女教育的支出。

(二) 住房对外来务工家庭社会融入的影响

研究发现,受过高等教育的外来务工人员更可能居住在商品房中,且配偶的学历越高,家庭在务工地越有可能拥有住房产权。31~40 岁的外来务工人员拥有住房产权的可能性显著高于 30 岁及以下的外来务工人员。在当地居住时间越长,且配偶随迁的外来务工人员在当地拥有住房的可能性越高。持有城市户口的外来务工人员居住在商品房的可能性显著高于持有农村户口的外来务工人员。与来自农村的外来务工人员相比,那些来自城市市区的外来务工人员拥有现有住房产权的可能性明显更大。此外,流入地房价越高,外来务工人员越不可能拥有当地现住房产权。

住房是影响外来务工家庭社会融入的关键因素。独立、稳定的住房对外来务工家庭融入当地具有显著的积极作用。住房类型对外来务工人员融入当地具有重要影响。租房或居住在非正规住房的外来务工人员的城市融入水平相对较低。社会融入水平越高，外来务工人员的居留意愿越高。此外，住房负担能力通过社会融入水平间接影响已婚外来务工人员在当地的居留意愿，社会融入存在部分中介效应。因此，解决好外来务工家庭在流入地的住房问题对提升其社会融入水平至关重要。

(三) 住房政策建议

鉴于住房对外来务工家庭的社会融入及其随迁子女教育具有关键影响，从供应主体、住房来源、住房补贴、资金来源、保障方式及政策机制方面提出以下住房政策建议。

1. 增加保障房供应主体

当前参与我国保障房供应的主体主要包括地方政府与国有企业，也包括私人开发商。私人开发商主要以配建方式参与保障房供给。具体来说，地方政府通常采取两种方式为外来务工人员提供住房保障：一是企业为主，政府为辅，鼓励企业为职工提供员工宿舍，如产业园区宿舍；二是将外来务工人员纳入当地住房保障体系，由地方政府或国企提供公共租赁住房、人才住房、保障性租赁住房、共有产权房及配售型商品房。

应继续推动国企参与保障性租赁住房建设。进入"十四五"时期，我国以发展保障性租赁住房为重点，进一步完善住房保障体系。2021 年 6 月，国务院办公厅发布《关于加快发展保障性租赁住房的意见》，随后，各地出台政策鼓励国资国企参与保障性租赁住房建设。2021 年 11 月，上海市出台了《关于加快发展本市保障性租赁住房的实施意见》，支持引导中央在沪企业，市、区国有企业通过多种方式参与保障性租赁住房建设供应。

此外，建议进一步拓展保障房供应主体，鼓励社会非营利机构参与保障房的供应。例如，在荷兰，住房协会既可以从事非营利性活动，也可以从事以市场为导向的活动，这样可以很大程度减轻政府的财政负担。鉴于住房协会的目标是以低于市场的价格提供更高质量的住房，住房协会往往比私营开发商更易监督。

2. 拓展保障房房源

我国早期的保障房供应大多来源于增量住房,通过新建、配建的方式供应。然而,当前我国的城镇化率已达到较高水平,城镇化进程逐步放缓,城市可利用土地资源日益紧张。通过新建方式供应保障房面临用地稀缺问题,特别在人地关系紧张的超大、特大城市,必须更加重视存量资源的充分利用。例如,由当地政府及相关企业通过统购、统租的方式,充分盘活当地符合条件的存量住房资源。存量住房资源既包括商品房,也包括符合条件的城中村住房,经过改造,供应给有相关需求的外来务工家庭。在存量住房资源紧张的城市,也可将空置的办公楼以及符合条件的厂房改造为适宜居住的保障性住房。充分利用存量房作为保障性住房的另一个好处是,存量房通常周边配套设施发展更为成熟,区位更具多样性,能为保障房居住者提供更为多样化的选择以及更为便利的居住体验。

结合保障房体系建设需要与房地产市场发展状况,当前有越来越多的地方政府通过收购商品房用作保障性住房。2024 年 6 月,住房和城乡建设部召开收购已建成存量商品房用作保障性住房工作会议,提出推动县级以上城市有力有序有效开展收购已建成存量商品房用作保障性住房工作。例如,"国企收旧换新"模式成为 2024 年年初以来商品房以旧换新的主流,目前已有郑州、南京、武汉、苏州、无锡等近 20 个城市明确鼓励或推动国企收购市场二手房,部分用作保障性租赁住房。国企收购二手房后对房源进行改造,进一步满足新市民、新青年的居住需求。

3. 灵活采用住房补贴和激励措施

建议结合外来务工人员的社会经济特点,为外来务工人员或外来务工家庭提供实物或货币补贴,以提升他们的住房负担能力。提供者可以是政府或雇主,也可以两者合作。补贴可以是现金或实物,取决于城市住房供需关系、房地产市场周期、房价水平等因素,应符合因地制宜原则。例如,根据笔者于 2010 年对深圳的调研,发现当地货币补贴比实物补贴更受欢迎。原因有二:一是深圳土地有限,二是政府执行起来更为方便。以现金形式提供的住房补贴主要通过租金或减免税费来实施。在房地产市场上行周期,实物补贴对外来务工人员似乎更为有利。

灵活采用供给方补贴和需求方补贴。除现金和实物补贴外,住房补贴还可分为供给方补贴和需求方补贴。供给方补贴可通过国家财政实施,需求方补贴可通过货币补贴的方式实施。政府和雇主都应尽力为外来务工人员提供现金或实物住房补贴,或两者兼而有之。地方政府可鼓励雇用大量外来务工人员的企业为员工提供免费宿舍、低价租赁住房、现金补贴。政府补贴企业的方式可以是税费优惠(如税费减免),也可以是土地优惠(如减免土地出让金、部分土地使用权转换)。此外,也可以将解决外来务工人员或家庭住宿问题与企业 ESG(环境、社会、公司治理)体系建设结合起来,将相关指标体现在企业 ESG 年报中,作为企业社会责任的体现。外来务工人员住房补贴也可由各地公共部门与私人部门共同提供。例如,统筹务工人员流出地政府与流入地政府的财政安排;由外来务工人员所在企业向政府或国企统一租赁保障性住房,供相关员工使用。

4. 拓宽保障房融资方式

我国住房保障工程的资金支持主要来自各级政府拨款、土地出让金和银行贷款,社会投资较少。其中,政府支持是我国安居工程顺利推进的重要保障[244]。除保障房租金或销售收入外,还应考虑来自保障房所在项目商业地产、商业设施的收入(如停车场、商铺),以及其他运营和融资方式,如公私合营和房地产投资。这样做可以拓宽融资渠道,增加保障房的供应量,从而更灵活地覆盖更多的非户籍人口。不动产投资信托基金(Real Estate Investment Trusts,REITs)作为一种金融产品,曾为美国、中国香港的保障房建设融资提供了有力支持。我国 REITs 仍有待进一步发展,需要构建更为完善的法律法规体系,从而更好地为外来务工人员的保障房供应提供资金支持。一般而言,普通金融机构的行为受市场机制制约,在风险可控的前提下往往追逐利润最大化,因此,应建立政策性的住房金融机构为保障性住房融资托底。

5. 避免城中村改造可能带来的绅士化负面影响

近年来,城中村改造备受关注。2023 年 4 月,中共中央政治局召开会议指出,在超大、特大城市积极稳步推进城中村改造。2023 年 7 月,国务院常务会议审议通过了《关于在超大特大城市积极稳步推进城中村改造的指导意见》。此后,各地相继出台政策,积极开展城中村改造。早在 20 世纪末,深圳已经开始开展城中村更新改造活动,更新模式从"以拆为主"逐步过渡到"拆改留结合"。2024 年 6 月,深圳市政府发布了《关于积极稳步推进城中村改造实现高质量发展的实施意见》,要求采取拆除新建、整治提升、拆整结合三类方式推进城中村改造。将城中村改造与保障房建设相结合,优先配置配售型保障性住房,并根据城中村原居住人口结构和住房需求,合理配置一定规模的公共租赁住房和保障性租赁住房。2024 年 1 月,广州发布《广州市城中村改造专项规划(2021—2035 年)》,提出至 2035 年,推进 272 个城中村(行政村)的改造,涉及 289 个项目。按 2025 年度、2027 年度、2030 年度、2035 年度分步有序稳妥推进城中村全面改造与混合改造,并发布《广州市城中村改造条例》,对城中村改造方式、补偿安置方案等进行规范。

城市绅士化是由于中产阶级以上阶层的迁入,导致原有低收入居民逐渐被替代的过程,通常伴随着社区物质条件的改善和社区特性的转变。绅士化可能带来房租上涨、原有社区文化和生活方式的消失,以及低收入居民被迫迁移等负面影响。我国城中村为大量外来务工人员提供了地理位置较为优越的、可负担的租赁住房,是许多外来务工人员或家庭在务工地的落脚点。大量外来务工人员在此居住、生活、工作。很长时间以来,城中村在很大程度上弥补了城市外来务工人员保障房供应不足的问题。作为外来务工人员的重要住房选择,城中村更新改造与外来务工人员密切相关。伴随着城中村改造及其可能导致的房租上涨,大量外来务工人员可能被排斥在城中村住房市场以外,他们可能被迫再次寻找价格合理、位置便利的新住所。在城中村更新改造过程中,除保障城中村住房所有者权利外也应保障原住房租住者的相关权利。除住房所有者,也应鼓励实际居住者

（外来务工人员）参与，确保他们的需求和利益被充分考虑。

6. 统筹城乡资源、促进区域协调发展

在我国，增加外来务工家庭可负担住房供给、保障随迁子女教育权利涉及系列政策措施，包括户籍制度、土地规划、教育制度、社会保障等。根本的解决办法是缩小城乡、地区发展差距，逐步取消公共服务与地方户口挂钩，盘活农村资产。外来务工家庭在家乡保留住所是一个普遍现象。通过统筹城乡建设用地开发管理，农村宅基地住房可以进入市场交易。外来务工人员可以将自己在家乡的住宅出租或出售，而不是空置，来满足在务工地的住房消费。

三、本章小结

随迁子女教育是外来务工家庭在流入地遇到的基本问题之一。随着教育政策和户籍制度改革的推进，外来务工家庭采用各类家庭策略，展现出非凡的能动性。随着异地升学政策的放宽，外来务工家庭对子女的教育期望也随之提升，他们希望子女能够在流入地接受更高质量的教育。然而，面对城市教育资源的紧张和异地升学政策的制约，外来务工家长不得不调整自己对随迁子女的教育期望。

在相关教育政策制定过程中，应对外来务工家庭教育期望、随迁子女社会融入等过程性指标进行追踪，持续推进外来务工家庭及其随迁子女的社会融入。提升外来务工家庭及其随迁子女主动融入当地城市社会的能力。对于较高年级的随迁子女，建议开设学业规划、职业规划课程，并提供全过程学业与职业规划咨询服务，引导外来务工家庭提早制定科学合理的教育规划，提升教育认知、职业认知与规划水平。

住房及其分异对外来务工家庭随迁子女教育以及社会融入产生关键影响，表现在住房产权、住房条件、住房区位及住房价值方面。住房产权关系到学校的录取顺位与学习环境的稳定性；住房条件通过身体健康和心理健康影响子女的学业表现和认知能力；在就近入学的政策背景下，住房区位会影响子女进入特定学校的机会，也代表了居住环境和邻里质量，住房

价值可能提高父母对子女教育的支出。

鉴于住房对外来务工家庭的社会融入及随迁子女教育具有关键影响，提出以下建议。

（1）应增加保障房供应主体。除继续推动国企、私企参与保障性住房供应外，还应鼓励社会非营利机构参与。

（2）应拓展保障房房源。除通过新建、配建方式供应增量住房外，必须更加重视存量住房资源的充分利用，包括商品房、城中村住房、空置办公楼及符合条件的厂房等。

（3）应灵活采用住房补贴和激励措施。提供者可以是政府或雇主，也可以两者合作。灵活采用供给方补贴和需求方补贴。

（4）拓宽保障房融资方式。除保障房租金或销售收入外，考虑拓展来自保障房所在项目商业地产、商业设施收入，以及其他运营和融资方式，如公私合营和房地产投资信托基金。建立政策性的住房金融机构为保障性住房融资托底。

（5）避免城中村改造可能带来的绅士化负面影响。伴随着城中村改造及其可能导致的房租上涨，应保障原住房租住者的相关权利，鼓励实际居住者（外来务工人员）参与改造，确保他们的需求和利益被充分考虑。

（6）统筹城乡资源、促进区域协调发展。应缩小城乡、地区发展差距，逐步取消公共服务与地方户口挂钩，盘活农村资产。

参 考 文 献

[1] WANG Y P, WANG Y, WU J. Housing migrant workers in rapidly urbanizing
     regions: a study of the Chinese model in Shenzhen [J]. Housing studies, 2010, 25
     (1):83 - 100.

[2] WU W. Migrant intra-urban residential mobility in urban China [J]. Housing
     Studies, 2006, 21(5):745 - 765.

[3] ZHENG S, LONG F, FAN C C, et al. Urban villages in China: a 2008 survey of
     migrant settlements in Beijing [J]. Eurasian Geography and Economics, 2009, 50
     (4):425 - 446.

[4] PAN Y, TAO L. Housing choices of migrant workers with different types of
     employment: a comparison between eastern, central and western China [C]//
     Proceedings of the 25th International Symposium on Advancement of Construction
     Management and Real Estate. Springer Singapore, 2021:133 - 155.

[5] 张吉鹏,卢冲. 户籍制度改革与城市落户门槛的量化分析[J]. 经济学(季刊),2019,
     18(4):1509 - 1530.

[6] 段成荣,孙玉晶. 我国流动人口统计口径的历史变动[J]. 人口研究,2006(4):
     70 - 76.

[7] 林李月,朱宇,柯文前. 城镇化中后期中国人口迁移流动形式的转变及政策应对
     [J]. 地理科学进展,2020,39(12):2054 - 2067.

[8] 扈新强,赵玉峰. 从离散到聚合:中国流动人口家庭化分析[J]. 人口研究,2021,45
     (4):69 - 84.

[9] 孙林,田明. 流动人口核心家庭的迁移模式分析:基于家庭生命周期的视角[J]. 人
     文地理,2020,35(5):18 - 24.

[10] 庞丽丽. 多维住房负担能力对我国流动人口居留意愿和落户意愿的影响研究[D].
     上海:上海大学,2024.

[11] TAO L, LEI X, GUO W, et al. To settle down, or not? evaluating the policy
     effects of talent housing in Shanghai, China [J]. Land, 2022, 11(8):1145.

[12] 邢芸,胡咏梅. 流动儿童学前教育选择:家庭社会经济背景及迁移状况的影响[J].
     教育与经济,2015(3):52 - 57.

[13] 韩嘉玲. 流动儿童蓝皮书:中国流动儿童教育发展报告 2021—2022[M]. 北京:社
     会科学文献出版社,2021.

[14] 魏佳羽. 在一起! 中国流动人口子女发展报告 2021[EB/OL].（2022 - 01 - 12）
    [2024 - 06 - 13]. https：//m. thepaper. cn/baijiahao_16255384.

[15] 教育部. 进一步加大力度保障进城务工人员随迁子女就学[EB/OL].（2021 - 03 -
    31）[2024 - 06 - 08]. https://www. chinanews. com. cn/gn/2021/03-31/9444295.
    shtml.

[16] 于忠宁. 义务教育阶段进城务工人员随迁子女在公办学校就读比例达 95.2%[EB/
    OL].（2023 - 03 - 23）[2024 - 06 - 07]. http：//www. moe. gov. cn/fbh/live/2023/
    55167/mtbd/202303/t20230324_1052570. html.

[17] 冯琪. 进城务工人员随迁子女在公办学校就读比例超 95%[EB/OL].（2024 - 03 -
    01）[2024 - 06 - 07]. http：//www. moe. gov. cn/fbh/live/2024/55831/mtbd/
    202403/t20240301_1117763. html.

[18] 教育部. 保障随迁子女平等接受义务教育，鼓励仅凭居住证入学[EB/OL].（2021 -
    11 - 04）[2024 - 06 - 07]. https：//news. eol. cn/yaowen/202111/t20211104_
    2171692. shtml.

[19] 马晓娜. 随迁子女教育困境如何突破？以长三角地区为例[EB/OL].（2021 - 11 -
    15）[2024 - 06 - 07]. https：//www. thepaper. cn/newsDetail_forward_15377551.

[20] 吴英燕. 求解 1400 万进城务工随迁子女教育再生产困境[EB/OL].（2020 - 04 - 2）
    [2024 - 06 - 09]. https：//www. thepaper. cn/newsDetail_forward_6677154.

[21] 宋承翰. 创造条件为随迁子女在流入地参加中考提供更多机会[EB/OL].（2021 -
    12 - 30）[2024 - 06 - 09]. https：//www. gov. cn/guowuyuan/2021-12/30/content_
    5665557. htm.

[22] 魏翠翠. 全国政协委员陆铭：解决随迁子女的教育问题有利于中国经济长远发展
    [EB/OL].（2023 - 03 - 10）[2024 - 06 - 09]. https：//new. qq. com/rain/
    a/20230310A00BCW00.

[23] 魏佳羽. 在一起! 中国流动人口子女发展报告 2021[EB/OL].（2022 - 01 - 12）
    [2024 - 06 - 13]. https：//m. thepaper. cn/baijiahao_16255384.

[24] 熊丙奇. 对打工子弟学校宜疏不宜堵[EB/OL].（2016 - 02 - 23）[2024 - 06 - 09].
    http：//www. moe. gov. cn/jyb_xwfb/moe_2082/zl_2016n/2016_zl10/201602/
    t20160223_230224. html.

[25] JIANG L. Living conditions of the floating population in urban China [J]. Housing
    studies, 2006,21(5):719 - 744.

[26] WANG Y P, WANG Y, WU J. Housing migrant workers in rapidly urbanizing
    regions: a study of the Chinese model in Shenzhen [J]. Housing studies, 2010,25
    (1):83 - 100.

[27] SHEN J. A study of the temporary population in Chinese cities [J]. Habitat
    International, 2002,26(3):363 - 377.

[28] LI B, DUDAM, AN X. Drivers of housing choice among rural-to-urban migrants:
    evidence from Taiyuan [J]. Journal of Asian public policy, 2009,2(2):142 - 156.

[29] LI B, DUDAM, AN X. Drivers of housing choice among rural-to-urban migrants:
    evidence from Taiyuan [J]. Journal of Asian public policy, 2009,2(2):142 - 156.

[30] LI S, WANG L, CHANG K L. Do internal migrants suffer from housing extreme
    overcrowding in urban China? [J]. Housing Studies, 2018,33(5):708 - 733.

[31] WANG Y P, WANG Y, WU J. Housing migrant workers in rapidly urbanizing

regions: a study of the Chinese model in Shenzhen [J]. Housing studies, 2010, 25 (1):83 - 100.

[32] YATES, J. Australia's housing affordability crisis [J]. The Australian Economic Review, 2008,41(2):200 - 214.

[33] 国家统计局,中国指数研究院.中国房地产统计年鉴 2011[M].北京:中国统计出版社,2011.

[34] 中国指数研究院.中国房地产统计年鉴 2021[M].北京:企业管理出版社,2021.

[35] LOGAN J R, FANG Y, ZHANG Z. Access to housing in urban China [J]. International Journal of Urban and Regional Research, 2009,33(4):914 - 935.

[36] LI B, DUDA M, AN X. Drivers of housing choice among rural-to-urban migrants: evidence from Taiyuan [J]. Journal of Asian public policy, 2009,2(2):142 - 156.

[37] TAO L, HUI E C M, WONG F K W, et al. Housing choices of migrant workers in China: beyond the Hukou perspective [J]. Habitat International, 2015(49):474 - 483.

[38] PENG Y. Getting rural migrant children into school in South China: migrant agency and parenting [J]. Asian Population Studies, 2019,15(2):172 - 189.

[39] 魏佳羽.让儿童和父母在一起！——中国流动人口子女发展报告 2023[EB/OL]. (2023 - 02 - 06)[2024 - 06 - 21]. https://www. 163. com/dy/article/ HSSL5R1905560ZWH. html.

[40] 樊欢欢.家庭策略研究的方法论——中国城乡家庭的一个分析框架[J].社会学研究,2000(5):100 - 105.

[41] 张佳伟,徐瑛.流动人口家庭教育适应策略的建构——以就读打工子弟学校的随迁子女家庭为研究对象[J].全球教育展望,2020,49(5):32 - 42.

[42] 中共中央办公厅,国务院办公厅.关于推动现代职业教育高质量发展的意见[EB/ OL]. (2021 - 10 - 12)[2024 - 06 - 22]. https://www. gov. cn/zhengce/2021-10/ 12/content_5642120. htm.

[43] 薛二勇."双减"政策执行的内涵、理念与路径[EB/OL]. (2022 - 04 - 01)[2024 - 06 - 13]. https://www. gmw. cn/xueshu/2022-04/01/content_35629905. htm.

[44] 陈鹏."双减"一年成效显著[EB/OL]. (2022 - 07 - 26)[2024 - 06 - 13]. http:// www. moe. gov. cn/jyb_xwfb/s5147/202207/t20220726_648701. html.

[45] KUAN P Y. Effects of cram schooling on academic achievement and mental health of junior high students in Taiwan [J]. Chinese Sociological Review, 2018,50(4): 391 - 422.

[46] 王萍萍.人口总量有所下降人口高质量发展取得成效[EB/OL]. (2024 - 01 - 18) [2024 - 06 - 14]. https://www. stats. gov. cn/xxgk/jd/sjjd2020/202401/ t20240118_1946711. html.

[47] 汪传艳,徐绍红.进城务工人员随迁子女的教育再生产——基于"双重脱嵌"的视角[J].青年研究,2020(1):37 - 47,95.

[48] 谷宏伟,杨秋平.收入和子女数量对城市家庭教育投资行为的影响——基于大连市的实证研究[J].宏观经济研究,2014(5):127 - 134.

[49] 苏余芬,刘丽薇.学前儿童教育支出与家庭背景——基于中国家庭追踪调查的证据[J].北京大学教育评论,2020,18(3):86 - 103,189.

[50] 肖攀,刘春晖,李永平.家庭教育支出是否有利于农户未来减贫？——基于贫困脆弱性的实证分析[J].教育与经济,2020,36(5):3 - 12.

[51] BECKER G S, TOMES N. An equilibrium theory of the distribution of income and intergenerational mobility [J]. Journal of political Economy, 1979,87(6):1153-1189.

[52] 万相昱,唐亮,张晨.家庭收入和教育支出的关联分析——基于中国城镇住户调查数据的研究[J].劳动经济研究,2017,5(3):85-99.

[53] WU Y, ZHANG Y. The effect of family economic capital on the cognitive ability of migrant children in China [J]. Children and Youth Services Review, 2024 (161):107677.

[54] FANG S, HUANG J, CURLEY J, et al. Family assets, parental expectations, and children educational performance: an empirical examination from China [J]. Children and Youth Services Review, 2018(87):60-68.

[55] 刘保中."扩大中的鸿沟":中国家庭子女教育投资状况与群体差异比较[J].北京工业大学学报(社会科学版),2020,20(2):16-24.

[56] 梁文艳,叶晓梅,李涛.父母参与如何影响流动儿童认知能力——基于 CEPS 基线数据的实证研究[J].教育学报,2018,14(1):80-94.

[57] LI X, YANG H, WANG H, et al. Family socioeconomic status and home-based parental involvement: a mediation analysis of parental attitudes and expectations [J]. Children and Youth Services Review, 2020(116):105111.

[58] 林欣,谢静雨,林素絮.家庭资本对农村儿童学业成绩的影响——基于 2018 年 CFPS 数据的实证研究[J].教育理论与实践,2021,41(1):24-30.

[59] 齐军.城乡学生家庭社会资本差异及对学业成就获得的影响——基于社会网络分析法的调查分析[J].上海教育科研,2018(5):25-29.

[60] PANG Y, YANG Q, LI Y, et al. Effects of family socioeconomic status on home math activities in urban China: the role of parental beliefs [J]. Children and Youth Services Review, 2018(93):60-68.

[61] JIANG S, LI C, FANG X. Socioeconomic status and children's mental health: understanding the mediating effect of social relations in Mainland China [J]. Journal of Community Psychology, 2018,46(2):213-223.

[62] HU W, WANG R. Segregation in urban education: evidence from public schools in Shanghai, China [J]. Cities, 2019(87):106-113.

[63] 吕慈仙,杨沛锦,孙佳,等.县域高中生家庭社会经济地位与其学业成绩的关系:基于父母教育参与和自我教育期望的链式中介模型[J].中国健康心理学杂志,2023,31(12):1886-1893.

[64] MA H, LI D, ZHU X. Effects of parental involvement and family socioeconomic status on adolescent problem behaviors in China [J]. International Journal of Educational Development, 2023(97):102720.

[65] REN Y, ZHANG F, JIANG Y, et al. Family socioeconomic status, educational expectations, and academic achievement among Chinese rural-to-urban migrant adolescents: the protective role of subjective socioeconomic status [J]. The Journal of Early Adolescence, 2021,41(8):1129-1150.

[66] 薛海平,赵阳.影子教育也会影响教育分流吗——基于CFPS2010—2018 年追踪数据实证分析[J].教育学报,2023,19(4):156-170.

[67] 晏祥兰,常宝宁.父母参与对子女教育分流的影响:基于 CEPS2014 的实证研究[J].教育理论与实践,2022,42(29):7-11.

[68] 刘保中,张月云.高等教育分流与大学生就业机会差异[J].青年研究,2022(2):41-51,95.

[69] FANG S, HUANG J, CURLEY J, et al. Family assets, parental expectations, and children educational performance: an empirical examination from China [J]. Children and Youth Services Review, 2018(87):60-68.

[70] 谷宏伟,杨秋平.收入和子女数量对城市家庭教育投资行为的影响——基于大连市的实证研究[J].宏观经济研究,2014(5):127-134.

[71] 陈永伟,顾佳峰,史宇鹏.住房财富、信贷约束与城镇家庭教育开支——来自CFPS2010数据的证据[J].经济研究,2014,49(S1):89-101.

[72] 易行健,张家为,杨碧云.家庭教育支出决定因素分析——来自中国城镇住户调查数据的经验证据[J].南方人口,2016,31(3):21-35.

[73] 李安琪.父母的婚姻教育匹配与子女学业表现[J].社会,2022,42(2):209-242.

[74] 姜帅,龙静.家庭文化与经济资本对教育获得的影响效应[J].教育学术月刊,2022(1):51-57.

[75] 李敏,姚继军.住房影响优质教育机会获得的实证分析——以南京市四主城区小学为例[J].基础教育,2020,17(2):52-60.

[76] 沈艳,张恺.家庭背景对我国高等教育入学机会的影响——基于2013届高校毕业生调查的实证分析[J].教育学术月刊,2015(5):30-36.

[77] 谢作栩,王伟宜.高等教育大众化视野下我国社会各阶层子女高等教育入学机会差异的研究[J].教育学报,2006(2):65-74,96.

[78] HSU H Y, ZHANG D, KWOK O M, et al. Distinguishing the influences of father's and mother's involvement on adolescent academic achievement: analyses of Taiwan education panel survey data [J]. The Journal of Early Adolescence, 2011, 31(5):694-713.

[79] DAVIS-KEAN P E. The influence of parent education and family income on child achievement: the indirect role of parental expectations and the home environment [J]. Journal of family psychology, 2005,19(2):294.

[80] POON K. The impact of socioeconomic status on parental factors in promoting academic achievement in Chinese children [J]. International Journal of Educational Development, 2020(75):102175.

[81] TAN C Y, PENG B, LYU M. What types of cultural capital benefit students' academic achievement at different educational stages? interrogating the meta-analytic evidence [J]. Educational Research Review, 2019(28):100289.

[82] 罗芳,关江华.家庭背景和文化资本对子女非认知能力的影响分析[J].当代教育科学,2017(9):91-96.

[83] REGE M, TELLE K, VOTRUBA M. Parental job loss and children's school performance [J]. The Review of Economic Studies, 2011,78(4):1462-1489.

[84] GREGG P, MACMILLAN L, NASIM B. The impact of fathers'job loss during the recession of the 1980s on their children's educational attainment and labour market outcomes [J]. Fiscal Studies, 2012,33(2):237-264.

[85] MAUNO S, CHENG T, LIM V. The far-reaching consequences of job insecurity: a review on family-related outcomes [J]. Marriage & Family Review, 2017, 53(8):717-743.

［86］ ARONSSON A. The consequences of informal employment on workers' health and family well-being in Europe ［J］. European Journal of Public Health, 2023, 33 (Supplement_2)：ckad160.1334.

［87］ NGUYEN L, DO H L. Children's cognitive development：does parental wage employment matter? ［J］. Children and Youth Services Review, 2024 (161)：107657.

［88］ KANG Y, LIANG S, BAI C, et al. Labor contracts and parents' educational expectations for children：income effect or expected effect? ［J］. Children and Youth Services Review, 2020(118)：105427.

［89］ UNN-NELEN A, DE GRIP A, FAURAGE D. The relation between maternal work hours and the cognitive development of young school-aged children ［J］. De Economist, 2015, 163(2)：203 - 232.

［90］ 赵德成,柳斯邈. 家庭社会经济地位对学生学业成就的影响——基于 PISA2018 中国样本数据的分析[J]. 北京师范大学学报(社会科学版),2021(2)：17 - 26.

［91］ 沈艳,张恺. 家庭背景对我国高等教育入学机会的影响——基于 2013 届高校毕业生调查的实证分析[J]. 教育学术月刊,2015(5)：30 - 36.

［92］ 丁小浩,翁秋怡. 职业权力与家庭教育支出——基于政治经济学视角的实证分析 [J]. 教育研究,2015,36(8)：33 - 41.

［93］ 丁小浩,翁秋怡. 权力资本与家庭的教育支出模式[J]. 北京大学教育评论,2015, 13(3)：130 - 142,191.

［94］ WU X. The household registration system and rural-urban educational inequality in contemporary China ［J］. Chinese Sociological Review, 2011,44(2)：31 - 51.

［95］ CHEN Y, FENG S. Access to public schools and the education of migrant children in China ［J］. China Economic Review, 2013(26)：75 - 88.

［96］ 袁晓娇,方晓义,刘杨,等. 教育安置方式与流动儿童城市适应的关系[J]. 北京师范大学学报(社会科学版),2009(5)：25 - 32.

［97］ ZHANG X, YAN F, CHEN Y. A floating dream：urban upgrading, population control and migrant children's education in Beijing ［J］. Environment and Urbanization, 2021,33(1)：11 - 30.

［98］ 周皓,巫锡炜. 流动儿童的教育绩效及其影响因素：多层线性模型分析[J]. 人口研究,2008(4)：22 - 32.

［99］ XU D, DRONKERS J. Migrant children in Shanghai：a research note on the PISA-Shanghai controversy ［J］. Chinese Sociological Review, 2016, 48 (3)： 271 - 295.

［100］ 21 世纪教育研究院. 3.7 亿流动人口子女上学难抉择,教育向何处去[EB/OL]. (2023 - 05 - 19)[2024 - 07 - 07]. https：//new. qq. com/rain/a/20230519A03M6 M00.

［101］ 钱雪飞,周思敏,卢楠. 城城迁移对随迁儿童福祉的影响效应——基于中国教育追踪调查数据的分析[J]. 当代青年研究,2022(6)：78 - 86,116.

［102］ 陈媛媛,董彩婷,朱彬妍. 流动儿童和本地儿童之间的同伴效应：孰轻孰重? [J]. 经济学(季刊),2021,21(2)：511 - 532.

［103］ LI L H. Impacts of homeownership and residential stability on children's academic performance in Hong Kong ［J］. Social Indicators Research, 2016 (126)：

595－616.

[104] 刘婕,郑磊.同伴户籍构成、身份认同与流动学生的教育[J].教育经济评论,2022,7(5):84－99.

[105] MA G, WU Q. Social capital and educational inequality of migrant children in contemporary china: a multilevel mediation analysis [J]. Children and Youth Services Review, 2019(99):165－171.

[106] 钱雪飞,周思敏,卢楠.城城迁移对随迁儿童福祉的影响效应——基于中国教育追踪调查数据的分析[J].当代青年研究,2022(6):78－86,116.

[107] 杨丽芳,董永贵.流动农民工子代教育机会的获得——家庭社会资本视角[J].少年儿童研究,2024(2):42－51.

[108] ZHANG J, YAN L, QIU H, et al. Social adaptation of Chinese left-behind children: systematic review and meta-analysis [J]. Children and Youth Services Review, 2018(95):308－315.

[109] 柳建坤,何晓斌,贺光烨,等.父母参与、学校融入与农民工子女的心理健康——来自中国教育追踪调查的证据[J].中国青年研究,2020(3):39－48.

[110] 袁晓娇,方晓义,刘杨,等.教育安置方式与流动儿童城市适应的关系[J].北京师范大学学报(社会科学版),2009(5):25－32.

[111] 叶枝,柴晓运,郭海英,等.流动性、教育安置方式和心理弹性对流动儿童孤独感的影响:一项追踪研究[J].心理发展与教育,2017,33(5):595－604.

[112] 杨茂庆,赵红艳,邓晓莉.流动儿童城市社会融入现状与对策研究——以贵州D市为例[J].教育学术月刊,2021(10):68－74.

[113] REN Q, TREIMAN D J. The consequences of parental labor migration in China for children's emotional wellbeing [J]. Social science research, 2016 (58): 46－67.

[114] 洪秀敏,刘倩倩,张明珠.家庭流动对儿童发展的影响——基于流动与非流动婴幼儿的倾向值匹配分析[J].中国青年社会科学,2022,41(1):89－97.

[115] LIU Y, YU S, SUN T. Heterogeneous housing choice and residential mobility under housing reform in China: evidence from Tianjin [J]. Applied Geography, 2021(129):102417.

[116] YANG Z, HAO P, WU D. Children's education or parents' employment: how do people choose their place of residence in Beijing [J]. Cities, 2019(93):197－205.

[117] 李超,万海远,田志磊.为教育而流动——随迁子女教育政策改革对农民工流动的影响[J].财贸经济,2018,39(1):132－146.

[118] 沈亚芳,胡雯,张锦华.子女随迁入学对农民工迁移决策的影响——基于"千村调查"的数据分析[J].复旦教育论坛,2020,18(1):76－83.

[119] HOLME J J. Growing up as rents rise: how housing affordability impacts children [J]. Review of Educational Research, 2022,92(6):953－995.

[120] 齐军.城乡学生家庭社会资本差异及对学业成就获得的影响——基于社会网络分析法的调查分析[J].上海教育科研,2018(5):25－29.

[121] MA G, WU Q. Social capital and educational inequality of migrant children in contemporary china: a multilevel mediation analysis [J]. Children and Youth Services Review, 2019(99):165－171.

[122] ZHENG X, WANG C, SHEN Z, et al. Associations of private tutoring with

Chinese students' academic achievement, emotional well-being, and parent-child relationship [J]. Children and Youth Services Review, 2020(112):104934.

[123] 刘保中."扩大中的鸿沟":中国家庭子女教育投资状况与群体差异比较[J]. 北京工业大学学报(社会科学版),2020,20(2):16 - 24.

[124] FAN C C. Household-splitting of rural migrants in Beijing, China [J]. Trialog: a Journal for Planning and Building in a Global Context, 2016,116(117):19 - 24.

[125] FAN C C, LI T. Familization of rural-urban migration in China: evidence from the 2011 and 2015 national floating population surveys [J]. Area Development and Policy, 2019,4(2):134 - 156.

[126] LU Y, YEUNG J W J, LIU J, et al. Migration and children's psychosocial development in China: when and why migration matters [J]. Social science research, 2019(77):130 - 147.

[127] 李敏,姚继军.住房影响优质教育机会获得的实证分析——以南京市四主城区小学为例[J]. 基础教育,2020,17(2):52 - 60.

[128] 徐延辉,李志滨.居住空间与流动儿童的社会适应[J]. 青年研究,2021(3):73 - 81,96.

[129] SHEN W, HU L C, HANNUM E. Effect pathways of informal family separation on children's outcomes: paternal labor migration and long-term educational attainment of left-behind children in rural China [J]. Social Science Research, 2021(97):102576.

[130] 崔盛,吴秋翔.为"流动"正名:主动教育流动的意义与作用[J]. 华东师范大学学报(教育科学版),2023,41(11):108 - 126.

[131] 凌辉,张建人,易艳,等.分离年龄和留守时间对留守儿童行为和情绪问题的影响[J]. 中国临床心理学杂志,2012,20(5):674 - 678.

[132] 毛建国."城市留守儿童"也不容小觑[EB/OL]. (2016 - 05 - 08)[2024 - 07 - 04]. http://xinhuanet.com/politics/2016-05/08/c_128967361.htm.

[133] 凌辉,张建人,易艳,等.分离年龄和留守时间对留守儿童行为和情绪问题的影响[J]. 中国临床心理学杂志,2012,20(5):674 - 678.

[134] SARMA V J, PARINDURI R A. What happens to children's education when their parents emigrate? evidence from Sri Lanka [J]. International Journal of Educational Development, 2016(46):94 - 102.

[135] 姚植夫,刘奥龙.隔代抚养对儿童学业成绩的影响研究[J]. 人口学刊,2019,41(6):56 - 63.

[136] 韦丰,任远.家庭子女数量对儿童教育过程的影响——基于教育投资稀释效应的分析[J]. 人口学刊,2023,45(3):1 - 16.

[137] 高雪姮,郭丛斌.子女结构对家庭教育支出的影响[J]. 教育评论,2022(12):18 - 27.

[138] 谷宏伟,杨秋平.收入和子女数量对城市家庭教育投资行为的影响——基于大连市的实证研究[J]. 宏观经济研究,2014(5):127 - 134.

[139] 徐浙宁.城市"二孩"家庭的养育:资源稀释与教养方式[J]. 青年研究,2017(6):26 - 35.

[140] 刘保中.我国城乡家庭教育投入状况的比较研究——基于 CFPS(2014)数据的实证分析[J]. 中国青年研究,2017(12):45 - 52.

[141] 涂瑞珍,林荣日.上海城乡居民家庭教育支出及教育负担状况的调查分析[J].教育发展研究,2009(21):21-25.

[142] 张文新.城乡青少年父母教育方式的比较研究[J].心理发展与教育,1997(3):46-51.

[143] 叶晓梅,朱红,王伊雯.严慈相济:家庭教养方式与城乡儿童非认知能力发展[J].教育与经济,2024,40(2):58-67.

[144] 梁文艳,叶晓梅,李涛.父母参与如何影响流动儿童认知能力——基于CEPS基线数据的实证研究[J].教育学报,2018,14(1):80-94.

[145] 徐延辉,李志滨.居住空间与流动儿童的社会适应[J].青年研究,2021(3):73-81,96.

[146] ZHOU J, ARUNDEL R, ZHANG S, et al. Intra-national citizenship and dual-hukou strategies among migrant families in China [J]. Habitat international, 2021(108):102311.

[147] 蔡易姗.家庭教育需求对流动尺度及住房产权的影响研究[D].上海:上海大学,2024.

[148] LIU R. Hybrid tenure structure, stratified rights to the city: an examination of migrants' tenure choice in Beijing [J]. Habitat International, 2019(85):41-52.

[149] 李敏,姚继军.住房影响优质教育机会获得的实证分析——以南京市四主城区小学为例[J].基础教育,2020,17(2):52-60.

[150] 黄建宏.住房贫困与儿童学业:一个阶层再生产路径[J].社会学评论,2018,6(6):57-70.

[151] ACOLIN A. Owning vs. renting: the benefits of residential stability? [J]. Housing Studies, 2022,37(4):644-667.

[152] OYLE M H. Home ownership and the emotional and behavioral problems of children and youth [J]. Child Development, 2002,73(3):883-892.

[153] LAU D M, HASKELL N L, HAURIN D R. Are housing characteristics experienced by children associated with their outcomes as young adults? [J]. Journal of Housing Economics, 2019(46):101631.

[154] REEN R K, PAINTER G, WHITE M J. Measuring the benefits of homeowning: effects on children redux [R]. Research Institute for Housing America Research Paper, 2012.

[155] 黄建宏.住房贫困与儿童学业:一个阶层再生产路径[J].社会学评论,2018,6(6):57-70.

[156] GOUX D, MAURIN E. The effect of overcrowded housing on children's performance at school [J]. Journal of Public Economics, 2005,89(5-6):797-819.

[157] VON SIMSON K, UMBLIJS J. Housing conditions and children's school results: evidence from Norwegian register data [J]. International Journal of Housing Policy, 2021,21(3):346-371.

[158] CONTRERAS D, DELGADILLO J, RIVEROS G. Is home overcrowding a significant factor in children's academic performance? Evidence from Latin America [J]. International Journal of Educational Development, 2019(67):1-17.

[159] LIEN H M, WU W C, LIN C C. New evidence on the link between housing environment and children's educational attainments [J]. Journal of Urban

Economics, 2008,64(2):408-421.

[160] 黄建宏.住房贫困与儿童学业:一个阶层再生产路径[J].社会学评论,2018,6(6):57-70.

[161] 成晓芬,胡依,郭芮绮,等.居住环境对青少年健康的影响及社会适应能力的中介作用[J].中国健康教育,2023,39(2):99-105.

[162] 黄建宏.住房贫困与儿童学业:一个阶层再生产路径[J].社会学评论,2018,6(6):57-70.

[163] 广州市教育局.2024年广州市普通高中名额分配招生问答[EB/OL].(2024-05-07)[2024-07-03].https://jyj.gz.gov.cn/yw/zsks/content/post_9634301.html.

[164] ELY T L, TESKE P. Implications of public school choice for residential location decisions [J]. Urban Affairs Review, 2015,51(2):175-204.

[165] WEN H, XIAO Y, HUI E C M, et al. Education quality, accessibility, and housing price: does spatial heterogeneity exist in education capitalization? [J]. Habitat International, 2018(78):68-82.

[166] MATHUR S. Non-linear and weakly monotonic relationship between school quality and house prices [J]. Land Use Policy, 2022(113):105922.

[167] 陈杰,茆三芹.义务教育空间均衡与居住融合的互动关系研究[J].社会科学辑刊,2022(6):170-180.

[168] CHEUNG K S, YIU C Y, ZHANG Y. What matters more, school choices or neighbourhoods? Evidence from a socioeconomic based school zoning [J]. Cities, 2022(128):103772.

[169] 张平平,胡咏梅.家庭处境不利学生如何实现学业成绩的逆袭:学校在其中的作用[J].教育经济评论,2019,4(2):3-25.

[170] RHODES A, WARKENTIEN S. Unwrapping the suburban "Package deal" race, class, and school access [J]. American Educational Research Journal, 2017,54(suppl):168S-189S.

[171] KARSTEN L. Housing as a way of life: towards an understanding of middle-class families' preference for an urban residential location [J]. Housing Studies, 2007, 22(1):83-98.

[172] JESPERSEN B V, KORBIN J E, SPILSBURY J C. Older neighbors and the neighborhood context of child well-being: pathways to enhancing social capital for children [J]. American Journal of Community Psychology, 2021,68(3-4):402-413.

[173] CHEUNG K S, YIU C Y, ZHANG Y. What matters more, school choices or neighbourhoods? Evidence from a socioeconomic based school zoning [J]. Cities, 2022(128):103772.

[174] 范晓光,吕鹏.找回代际视角:中国大都市的住房分异[J].社会科学文摘,2019(1):55-57.

[175] 林素絮,何琳,劳业辉.家庭居住区位对青少年学业成绩影响的实证研究[J].天津市教科院学报,2023,35(5):50-61.

[176] 王军鹏,张克中,鲁元平.近朱者赤:邻里环境与学生学习成绩[J].经济学(季刊),2020,19(2):521-544.

[177] 刘天元."孟母三迁"真的有必要吗? ——社区环境对孩子学业成就的影响分析[J].北京社会科学,2019(1):87-98.

[178] 徐延辉,李志滨.居住空间与流动儿童的社会适应[J].青年研究,2021(3):73-81,96.

[179] 方超.邻里效应、家庭资本与青少年的义务教育结果表现[J].教育与经济,2023,39(3):35-44.

[180] 张颖莉.中国家庭的自有住房与子女学业成就的关系——基于CFPS微观数据的研究[J].当代教育理论与实践,2020,12(5):32-41.

[181] 陈永伟,顾佳峰,史宇鹏.住房财富、信贷约束与城镇家庭教育开支——来自CFPS2010数据的证据[J].经济研究,2014,49(S1):89-101.

[182] 王丽艳,季奕,王咖瑾.住房财富、家庭收入和教育支出——基于天津市微观调查数据的分析[J].城市发展研究,2019,26(5):116-124.

[183] 邵洲洲.住房对家庭教育消费支出的资产效应:来自中国家庭的实证研究[J].上海第二工业大学学报,2024,41(1):93-100.

[184] TIAN M, TIAN Z, SUN W. The impacts of city-specific factors on social integration of Chinese migrant workers: a study using multilevel modeling [J]. Journal of Urban Affairs, 2019,41(3):324-337.

[185] YANG J. Social exclusion and young rural-urban migrants' integration into a host society in China [J]. The Annals of the American Academy of Political and Social Science, 2013,648(1):52-69.

[186] SIMMEL G. The metropolis and mental life [M]. London: Routledge, 2023:438-445.

[187] CHEN Y, WANG J. Social integration of new-generation migrants in Shanghai China [J]. Habitat International, 2015(49):419-425.

[188] TIAN M, TIAN Z, SUN W. The impacts of city-specific factors on social integration of Chinese migrant workers: a study using multilevel modeling [J]. Journal of Urban Affairs, 2019,41(3):324-337.

[189] LIN L, ZHU Y. Types and determinants of migrants' settlement intention in China's new phase of urbanization: a multi-dimensional perspective [J]. Cities, 2022(124):103622.

[190] 钟蕾.住房压力和社会融合对已婚外来务工人员心理健康的影响研究[D].上海:上海大学,2021.

[191] TAO L, PANG L, WEI Y, et al. How does housing affordability affect migration intentions of married migrant workers? social integration as a mediating variable [J]. Journal of Infrastructure, Policy and Development, 2024,8(6):5165.

[192] YANG G, ZHOU C, JIN W. Integration of migrant workers: differentiation among three rural migrant enclaves in Shenzhen [J]. Cities, 2020(96):102453.

[193] 候玉娜,张鼎权,范栖银.代际传递与社会融入视角下农民工随迁子女的教育期望研究——基于"中国教育追踪调查"初中生数据的实证分析[J].教育发展研究,2020,40(6):17-25.

[194] 李杰欣,吕慈仙,智晓彤.随迁子女异地中考的主要障碍、消极影响及教育补偿[J].教学与管理,2023(31):7-11.

[195] WANG Y, SERCOMBE P. Social justice and migrant children: exploring the

design and implementation of education policies for migrant children in China [J]. Regional Science Policy & Practice, 2023, 15(9):1941 - 1956.

[196] 张园林,刘玉亭,陈妙蓉.子女随迁的乡—城流动人口家庭社会融入——以浙江金华市区为例[J].热带地理,2019,39(1):69 - 80.

[197] HU B, WU W. Parental support in education and social integration of migrant children in urban public schools in China [J]. Cities, 2020(106):102870.

[198] SEIBERT A, KERNS K. Early mother-child attachment: longitudinal prediction to the quality of peer relationships in middle childhood [J]. International Journal of Behavioral Development, 2015, 39(2):130 - 138.

[199] HU B, WEST A. Exam-oriented education and implementation of education policy for migrant children in urban China [J]. Educational Studies, 2015, 41(3): 249 - 267.

[200] LV C, YANG P, XU J, et al. Association between urban educational policies and migrant children's social integration in China: mediated by psychological capital [J]. International Journal of Environmental Research and Public Health, 2023, 20(4):3047.

[201] MAROM N, CARMON N. Affordable housing plans in London and New York: between marketplace and social mix [J]. Housing Studies, 2015, 30(7): 993 - 1015.

[202] TAO L, PANG L, WEI Y, et al. How does housing affordability affect migration intentions of married migrant workers? Social integration as a mediating variable [J]. Journal of Infrastructure, Policy and Development, 2024, 8(6):5165.

[203] LIN S, WU F, WANG Y, et al. Migrants perceived social integration in different housing tenures in urban China [J]. Geoforum, 2023(139):103693.

[204] ZHENG S, SONG Z, SUN W. Do affordable housing programs facilitate migrants' social integration in Chinese cities? [J]. Cities, 2020(96):102449.

[205] 阚楠楠,龚岳,赵国昌.居住融合如何影响心理融合?——流动人口与户籍人口的比较[J].北京大学学报(自然科学版),2022,58(5):897 - 908.

[206] YANG Y, SUN W, ZHANG S. How housing rent affect migrants' consumption and social integration?——evidence from China migrants dynamic survey [J]. China Economic Quarterly International, 2022, 2(3):165 - 177.

[207] ZHONG L, TAO L. The impacts of housing affordability stress on social integration of married migrant workers: a comparison of six cities in eastern China [C]//Proceedings of the 25th International Symposium on Advancement of Construction Management and Real Estate. Springer Singapore, 2021.

[208] 郑思齐,廖俊平,任荣荣,等.农民工住房政策与经济增长[J].经济研究,2011,46(2):73 - 86.

[209] 张叶玲,崔军茹,崔璨,等.社区视角下中国城市居民的社会融合及影响因素——基于上海的实证分析[J].人文地理,2023,38(2):106 - 115.

[210] ZOU J, CHEN Y, CHEN J. The complex relationship between neighbourhood types and migrants' socio-economic integration: the case of urban China [J]. Journal of Housing and the Built Environment, 2020, 35(1):65 - 92.

[211] 杨菊华.中国流动人口的社会融入研究[J].中国社会科学,2015(2):61 - 79,

203-204.

[212] 孙雨蕾,古荭欢,吴瑞君.邻里视角下城市居住空间与流动人口社会融合的关系研究——基于 2013 年 CMDS 数据的多层次路径分析[J].南方人口,2022,37(6):1-12,23.

[213] SHEN J. Stuck in the suburbs? Socio-spatial exclusion of migrants in Shanghai [J]. Cities, 2017(60):428-435.

[214] 张海娜,朱贻文,邓晓翔.快速城镇化背景下居住空间分异与失地农民社会融合的作用机制研究——以长三角地区为例[J].地理科学进展,2021,40(1):135-146.

[215] LIU Z. Supporting or dragging? Effects of neighbourhood social ties on social integration of rural-to-urban migrants in China [J]. Housing Studies, 2019, 34 (9):1404-1421.

[216] 教育部.保障随迁子女平等接受义务教育,鼓励仅凭居住证入学[EB/OL].(2021-11-04)[2024-06-25]. https://news. eol. cn/yaowen/202111/t20211104_2171692. shtml.

[217] 王毅杰,卢楠.随迁子女积分入学政策研究——基于珠三角、长三角地区 11 个城市的分析[J].江苏社会科学,2019(1):69-79.

[218] 上海市人民政府.上海市人民政府关于印发修订后的《上海市居住证积分管理办法》的通知:沪府规[2022]21[A/OL].(2023-01-03)[2024-06-26]. https://www. shanghai. gov. cn/nw12344/20230103/a65b97100033449085dcb734ba515ca5. html.

[219] 王洛忠,徐敬杰,闫倩倩.流动人口随迁子女义务教育阶段就学政策研究——基于 18 个城市政策文本的分析[J].学习与探索,2020(3):23-31,174.

[220] 上海市人民政府.2024 年普陀区来沪人员随迁子女入学的条件及程序[EB/OL].(2024-04-07)[2024-06-26]. https://www. shanghai. gov. cn/ptqywjy/20240408/eced2a1041404a5f90a81979fb4352b8. html.

[221] 佛山市人民政府.佛山市人民政府办公室关于印发佛山市非户籍适龄儿童少年入读公办义务教育学校实施办法的通知:佛府办[2024]6 号[A/OL].(2024-03-19)[2024-07-10]. https://www. foshan. gov. cn/gkmlpt/content/5/5927/post_5927354. html♯37.

[222] 贵阳市人民政府.贵阳市印发外来人员随迁子女接受义务教育指南[EB/OL].(2024-03-14)[2024-07-10]. https://www. guiyang. gov. cn/zwgk/zdlyxxgkxx/jy_5617891/jcjy/202403/t20240314_83929209. html.

[223] 中华人民共和国中央人民政府.中华人民共和国社会保险法[EB/OL].(2021-10-29)[2024-07-09]. https://www. gov. cn/guoqing/2021-10/29/content_5647616. htm.

[224] 南昌市教育局.南昌市教育局关于做好 2024 年义务教育免试就近入学工作的实施意见[EB/OL].(2024-06-27)[2024-07-09]. http://edu. nc. gov. cn/ncjyj/xxgkzcwj/202406/5c58cd4824ff4087aa77b8e593d1ff31. shtml.

[225] 北京市东城区教育委员会.北京市东城区教育委员会关于印发东城区《2024 年义务教育阶段入学工作实施细则》的通知:东教发[2024]13 号[A/OL].(2024-04-29)[2024-07-10]. https://www. beijing. gov. cn/zhengce/zhengcefagui/202404/t20240430_3649966. html.

[226] 北京市教育考试院. 非京籍学生中考问题[EB/OL]. (2024 - 01 - 04)[2024 - 07 - 10]. https://www. beijing. gov. cn/fuwu/bmfw/bmzt/2024zk/202403/t20240319_3594475. html.

[227] 天津市教育委员会. 天津市居住证持有人随迁子女在本市接受教育实施细则:津教规范[2022]2 号[A/OL]. (2022 - 09 - 06)[2024 - 06 - 25]. https://jy. tj. gov. cn/ZWGK_52172/zcwj/sjwwj/202212/t20221220_6059104. html.

[228] 福州市中招办. 福州市中招办关于印发《2024 年福州市高级中等学校招生考试工作实施细则》的通知[EB/OL]. (2024 - 04 - 16)[2024 - 07 - 10]. https://jyj. fuzhou. gov. cn/zzbz/jy/zdjy_49219/202404/t20240416_4809613. htm.

[229] 南宁市中招办. 2024 年南宁市区高中阶段学校招生录取办法及工作安排[EB/OL]. (2024 - 06 - 24)[2024 - 07 - 10]. http://116. 8. 104. 163/#articleShow?id=49.

[230] 天津市教育招生考试院. 天津高考报名条件调整为"户籍＋学籍"[EB/OL]. (2021 - 08 - 16)[2024 - 07 - 10]. https://news. eol. cn/yaowen/202108/t20210816_2145301. shtml.

[231] 青海省教育考试网. 青海省现行普通高考报名录取政策解读(2)[EB/OL]. (2024 - 01 - 11)[2024 - 07 - 10]. https://www. gaokao. com/e/20240111/659f52ec6f2e4_2. shtml.

[232] 新公民计划. 中国近半儿童受人口流动影响,1.08 亿儿童不能与父母双方一起居住——中国流动人口子女教育领域回顾 2022[EB/OL]. (2023 - 05 - 24)[2024 - 06 - 24]. https://www. 163. com/dy/article/I5H4C9B505560ZWH. html.

[233] 上海市 16 个区高中重本、一本及本科升学率及中考统招分数线[EB/OL]. (2023 - 05 - 08)[2024 - 06 - 24]. https://www. sohu. com/a/673712280_121687421.

[234] 郑若玲. 考试公平与区域公平:高考录取中的两难选择[J]. 高等教育研究,2001(6):53 - 57.

[235] 关注教育公平,全国人大代表林勇呼吁缩小高考录取率省际差距[EB/OL]. (2022 - 03 - 01)[2024 - 06 - 24]. https://new. qq. com/rain/a/20220301A0COXP00.

[236] 高考大数据:全国 31 省高考难度排行榜! 哪个才是地狱模式?[EB/OL]. (2021 - 06 - 07)[2024 - 07 - 03]. https://www. thepaper. cn/newsDetail_forward_13028565.

[237] 田志磊. 中职教育升学:误解、事实与政策[EB/OL]. (2023 - 11 - 08)[2024 - 06 - 24]. https://ciefr. pku. edu. cn/cbw/kyjb/4ccdfcccfac64a1eada7b864f6f01c9b. htm.

[238] 广州市教育局. 读广州中职学校,这些知识不能不知道![EB/OL]. (2020 - 08 - 14)[2024 - 06 - 25]. https://jyj. gz. gov. cn/gk/zfxxgkml/gzdt/content/post_6498203. html.

[239] 北京 2023 年贯通培养计划招生 2 810 人,最低录取分数线 490 分[EB/OL]. (2023 - 04 - 20)[2024 - 06 - 25]. https://www. thepaper. cn/newsDetail_forward_22777735.

[240] 丁雅诵. 落实职教高考政策,促进职普教育相互融通　职业教育加快高层次人才培养[EB/OL]. (2023 - 08 - 18)[2024 - 06 - 25]. https://www. gov. cn/yaowen/liebiao/202308/content_6898835. htm.

［241］张怀水.教育部：去年全国已有超过一半的中职毕业生升入高职（专科）和本科继续学习［EB/OL］.（2023 - 03 - 23）［2024 - 06 - 25］. http：//www. moe. gov. cn/fbh/live/2023/55167/mtbd/202303/t20230324_1052574. html.

［242］姜帅，龙静.家庭文化与经济资本对教育获得的影响效应［J］.教育学术月刊，2022（1）：51 - 57.

［243］候玉娜，张鼎权，范栖银.代际传递与社会融入视角下农民工随迁子女的教育期望研究——基于"中国教育追踪调查"初中生数据的实证分析［J］.教育发展研究，2020，40（6）：17 - 25.

［244］胡吉亚，胡海峰.对保障性住房建设融资问题的思考［J］.理论探索，2020（2）：93 - 99.

索　引